Florian Böll

wurde 1983 in Wiesbaden geboren und lebt jeher in Taunusstein. Seit 2004 arbeitet er als Autor, Musiker und Kabarettist.
Er ist ein Teil des Duos »Shinofrist« und der Band »Zeitgeist«

2004 veröffentlichte er in Eigenregie einen Gedicht-Auszug aus der Sammlung »Herbstgedanken«, an der er seit 2001 arbeitet und deren Veröffentlichung nach eigener Aussage auch noch einige Zeit dauern wird.

In 2006/07 spielte er mit »Saubere Füße (… ein Programm, das sich gewaschen hat!)« sein erstes Solo-Kabarettprogramm. 2007 erschien sein Buch »Saubere Füße«. Die erste Sammlung satirischer Kurzgeschichten.

2009 die CD »Liebestrunken« ein Potpourri von Akustik-Pop Balladen.

Aktuell ist Böll mit seinem Programm »Im Land der Phrasenschweine« unterwegs.

Im Internet findet man ihn auf:
www.florian-boell.de

Copyright © 2015 by all you can read

1. Au lage 09/2015

Illustration: André Klein

Foto: Matthias Schwarze

Satz: Alexander Schulz

Lektorat: Michaela Böll

Mit einem Vorwort von Till Burgwächter

Printed in Germany

Herstellung und Verlag: BoD - Books on Demand, Norderstedt

Alle Rechte vorbehalten

» Jeglicher Bezug zu lebenden oder verstorbenen Personen, so wie zu realen Orten ist selbstverständlich rein zufällig «

ISBN 9 783738 639162

www.florian-boell.de

Für Anne & Leah

Vorwort

von Till Burgwächter

Ja, der kleine Böll. Ich erinnere mich an unser erstes Treffen, als wäre es gestern gewesen. Am 27. April 2007 sollte im Jugendcafe Hahn in Taunusstein eine Lesung stattfinden. Von und mit Florian Böll und Till Burgwächter. Erstens wusste ich bis dato nicht, dass es einen Ort namens Taunusstein gab, zweitens nichts von diesem Typen mit dem Angeber-Nachnamen. Aber beide existierten!
Als ich mir am späten Nachmittag zwischen marodierenden Rentnerehepaaren den Weg ins Jugendcafe Hahn freigekämpft hatte, stand Böll vor mir. Leibhaftig, in all seiner, ähh, Größe. Er stellte sich keck als Autor und Musiker vor, was mich aber wenig interessierte, denn der Grill wurde angeworfen.

Auch Autoren sind menschenähnliche Wesen, deshalb freuen wir uns immer, wenn es nach einer mehrstündigen Anfahrt wenigstens einen kleinen Happen gibt (bei einem Schweizer Gastspiel gab es mal Lammbraten, der Termin führt meine interne Catering-Liste immer noch an). Nach der Speisung begaben Böll und ich uns in den Saal, der mit mannigfaltigen Sitzgelegenheiten zugestellt war. Die zwei Stunden vor einer Lesung sind immer die spannendsten. Man geht pro forma noch mal seine Texte durch und behält mit einem Auge unauffällig den Mann/die Frau an der Kasse im Auge. Klingelt es im Beutel oder eher nicht?
Nun, an diesem Abend klingelte nicht mal der Postmann. Gähnende Leere im weiten Rund wäre noch freundlich ausgedrückt. Doch Böll und ich nahmen es sportlich und lasen, als würden die Leute in drei Lagen gestapelt an unseren Lippen hängen. Und schließlich, ganz am Ende der Veranstaltung, musste zumindest der Hund, der zu einem der Angestellten gehörte, leise in sich hinein grinsen. Vielleicht hatte er sich aber auch einfach nur verschluckt.

So und nicht anders verlief also das erste Treffen zweier Menschen, die nach ihrem Tod in die bundesdeutsche Literaturgeschichte eingehen werden. Dann werden alle jammern, dass man diese beiden Künstler des geschliffenen Wortwitzes nicht mehr erleben durfte. Aber Zeitgenossen sind seit jeher ein ignorantes Pack. Mit solchen Problemen hatten nicht zuletzt sogar die beiden (im Vergleich) Talente Goethe und Schiller zu kämpfen.

Wie auch immer, einige Monate nach unserer Begegnung kam ich mit erneut mit dem Schaffen des Künstlers Böll in Berührung. Sein Kurzgeschichtenband „Saubere Füße" sorgte auf dieser Seite des Computers für Heiterkeit, was auch für sein musikalisches Œuvre „Liebestrunken" gilt. Wobei das manchmal auch ein bisschen traurig ist. Aber nur ein bisschen.

Nun wagt sich Böll also erneut ans gedruckte Wort und wird die Feuilletonschreiber von Köln bis Cottbus in Verzückung versetzen. Recht so, denn Böll ist nicht nur ein feiner Bengel, sondern viel mehr. Er ist eine Mischung aus Stephen Hawking, Albert Einstein, Uschi Obermaier und Dirk Back. Er hat Charme, Witz, Intelligenz, einen echten Job und schicke Schuhe. Er braucht euer Geld also gar nicht. Aber wie ich ihn kenne, nimmt er es trotzdem. Deshalb kauft dieses Buch, verschenkt es sofort weiter und kauft es noch mal. Wiederholt diesen Vorgang in schöner Regelmäßigkeit. Und wenn ihr die Technik perfekt beherrscht fragt ihr gefälligst nach den Werken eines gewissen Till Burgwächter.

Eben jener wünscht seinem Kollegen mit dem neuen und allen folgenden Werken nur das Beste. Und vielleicht wird der erfolgreiche Leseabend anno 2007 in Taunusstein in irgendeinem anderen Kaff der Republik noch einmal wiederholt. Wir sind bereit!

Till Burgwächter,
an einem lauen Braunschweiger Sonntagnachmittag im Juli 2011.

» Es nützt überhaupt Nichts mit dem Arsch an der Wand zu liegen, wenn man mit offenem Mund schläft! «

(alte Knast-Weisheit)

Inhalt

13 Erste Geschichte

17 Der geparkte Mann

22 Am Mittwoch soll's schon wieder regnen!

29 Das Phrasenschwein

36 Bei Gott zu Hause

42 Kachelklopper & Co.
    (Der Kampf ums Frühstücksbrötchen)

46 Helge ist ein mieser Drummer

52 Malte war da – Teil I: Die Theorie
    Pärchen und ihr Freundeskreis

57 Malte war da – Teil II: Die Vorgeschichte
    Heute ist mein Tag!

61 Malte war da – Teil III: Die Geschichte
    Malte ist da

76 Die missglückte Entführung

82 Nackter Holunder
    (Eine florale Kriminalgeschichte)

88 Abends im Puff

94 Der Anruf
    (Ein Gedankenaustausch zur Bundestagswahl)

101 Manches sollte lieber unausgesprochen bleiben

106 Der Geist von Adolf Stalin

112 Mit Holzapfel in Entenhausen

Erste Geschichte

Prolog

Viel zu viele Geschichten beginnen immer wieder mit solchen Sätzen wie „Es war einmal" oder „Neulich vor gar nicht all zu langer Zeit". Ich muss gestehen, dass ich selbst schon die eine oder andere Erzählung so begonnen habe. Auch in diesem Buch finden sich Geschichten, an deren Anfang solch eine ausgelutschte Phrase steht. Ich würde nicht soweit gehen, dass ich mich dafür schäme, aber ein wenig unangenehm ist mir dieser Umstand schon. Denn unterm Strich zeugt das von ziemlicher Ideenlosigkeit und der Tatsache, dass ich mich nicht besonders angestrengt habe. Tja, dann bin ich wohl auch nicht viel besser als die werten Kollegen, die es auch nicht für nötig halten sich über einen guten Anfang Gedanken zu machen.

Dem Leser gegenüber ist das allerdings eine ziemlich miese Geste. Da ist tatsächlich jemand bereit so viel Geld für ein bisschen bedrucktes Papier zu bezahlen und dafür bekommt er nicht mal was Neues, geschweige denn was Innovatives geboten.

„Dann lieber gar keinen Anfang, als so einen!", habe ich einmal in der Buchhandlung jemand enttäuscht über die ersten Sätze eins Buches sagen hören.

Darüber hinaus bin ich auch zu der nüchternen Erkenntnis gekommen, dass es eigentlich vollkommen sinnlos und überflüssig ist, seinen Charakteren Namen zu geben. Es wurden schon so viele Geschichten geschrieben. Die ganzen guten Namen sind schon mehrmals benutzt worden. Da bleiben nur noch Scheiß-Namen wie Kunigunde oder Torben übrig und so mag ich meine Charaktere nicht nenne. Dafür hab ich mir echt nicht die Mühe gemacht sie zu erdenken. Außerdem ist es mir auch viel zu gefährlich geworden den Personen oder Dingen echte Namen zu geben. Unbedarft schreibt man irgendeinen Quatsch, bei dem ein fiktiver Horst schlecht weg kommt und wenn man nicht mehr daran denkt spuckt einem der Fleischwarenfachverkäufer auf die Mortadella.

Ich sollte an dieser Stelle nicht verschweigen, dass ich diesen Text zuletzt geschrieben habe. Da waren die vierzehn anderen Geschichten schon fertig. Und ich mag sie schon ganz gerne, daher hab ich sie dann doch nicht weggeschmissen, sondern auch in dieses Buch aufgenommen. Außerdem ist eine Geschichte mit fünf Seiten doch ein bisschen wenig für ein Buch und wenn ich immer alle Geschichten wegwerfen würde, wenn ich mal wieder auf einen merkwürdigen Trip komme, würden meine Bücher ja nie fertig werden.

So, genug erzählt. Jetzt kommt die erste Geschichte. Sie hat keinen standardisierten Anfang, den man schon hundert Mal gelesen hat. Es kommen keine Namen vor, sondern es wird von irgendeinem Mann und irgendeiner Frau berichtet. Eine örtliche oder zeitliche Fixierung wurde auch nicht vorgenommen. Im Endeffekt passt das alles auch ganz gut, denn man kann die Geschichte durchaus als Parabel betrachten. Wem das zu hochtrabend ist, darf sie auch gerne als Blödsinn betrachten. Allerdings muss ich ihn dann warnen: Nicht weiter lesen! Besser wird's nicht!

Geschichte

„Meine Fresse. So eine verdammte Fickarschdreckskacke. Warum kann dieser elende Rotz denn nicht einfach mal funktionieren?", fluchte der Mann und schlug die Fernseherfernbedienung mehrmals zornig in die hohle Hand.
„Großer Gott!", schnaufte die Frau, die gelangweilt in einem Magazin blätterte.
„Was gibt's denn da zu schnaufen?"
„Ständig wirfst du nur noch mit Schimpfwörtern um dich."
„Ja und?"
„Das geht mir mittlerweile unglaublich auf die Nerven. Als wir uns kennen lernten warst du herzlich und liebevoll und immer positiv gestimmt. Jetzt bist du nur noch mürrisch und verbittert. Du erzählst mir keinen einzigen Witz mehr, sondern beschimpfst lieber in einer Tour deine Mitmenschen und wünscht ihnen schlimme Dinge an den Hals."
„Ja aber", versuchte der Mann sich zu rechtfertigen. „Das ist schon lange her. Damals hat mir das Leben noch nicht so viel abverlangt. Da gab's noch ALF und nicht den lieben langen Tag nur verschissene Gerichtsshows. Ich hoffe die blöde Salesch platzt irgendwann einfach in ihrer dreckigen Scheiß- Sendung."
„Siehst du. Genau das meine ich. Du hackst einfach auf allem rum. Egal ob Menschen oder Dinge. Du hast an nichts mehr Freude. Bald mag ich dich nicht mehr, wenn du so bleibst."

„Also wäre es dir lieber, wenn ich meinen Unmut für mich behalte, davon Magengeschwüre bekomme, die irgendwann aufplatzen und ich dann daran sterbe?"
„Ja", sagte die Frau kühl. „Wenn dadurch alles wieder so wird wie früher."
„So, so. Also ist es dir egal, ob ich sterbe?"
Die Frau schwieg.
„Na gut. Von mir aus."

Also behielt der Mann ab jetzt seinen Unmut für sich und erzählte wieder Witze, um die Frau zum Lachen zu bringen. Die Frau war sehr glücklich, denn es war zwischen ihnen alles so, wie sie es sich gewünscht hatte.
Eines Tages bekam der Mann furchtbare Magenschmerzen. Kein Wunder, denn er hatte ganz fiese Magengeschwüre. Doch er erzählte der Frau nichts davon und machte weiterhin Witze um sie zum Lachen zu bringen. Irgendwann platzten die Magengeschwüre auf und der Mann starb. Auch dieses Mal sagte er der Frau nichts davon und lebte lieber als Untoter weiter. Doch dann kam der Tag an dem er der Frau alle Witze der Welt erzählt hatte.
„Weißt du", sagte er. „Jetzt kann ich nichts mehr für dich tun. Ich hab deinetwegen meine eigenen Bedürfnisse ganz lange hinten angestellt. Jetzt bin ich mal dran das Leben zu genießen."
„Okay", sagte die Frau. „Ich hätte wirklich nicht gedacht, dass du es so lange durchhältst. Das muss dann wohl echte Liebe sein."
„Mit Liebe hat das nichts zu tun. Ich wollte nur nicht, dass du deinen Eltern erzählst, dass ich ein Arsch bin. Ich halte sehr große Stücke auf die Meinung der Beiden."
„Na, wenn das so ist. Dann trotzdem Danke für die gute Zeit."

Der Mann verließ die Frau und zog auf eine kleine Berghütte. Dort erfüllte er sich seinen Lebenstraum. Einmal den Doktor Faustus am Stück lesen. Doch als er damit fertig war, musste er mit Bedauern feststellen, dass die Thematik für sein schlichtes Gemüt viel zu komplex und anspruchsvoll war. Daher starb er nun endgültig vor Enttäuschung alleine in seiner Berghütte. Bis heute hat niemand seinen Leichnam gefunden. Es hat ja auch keiner gesucht.

Die Frau blieb alleine. Denn sie musste feststellen, dass keiner der neuen Verehrer ihr einen Witz erzählen konnte, den sie noch nicht kannte. Und Witze waren ihr das Wichtigste in einer Beziehung. Nur wer sie zum Lachen bringen konnte, gewann auch ihr Herz.

Einer hatte es mal mit Slapstick probiert, aber darauf stand sie nicht. Gegen ihre Einsamkeit kaufte sie sich zwei Alpakas, mit denen sie in wilder Ehe lebte.

Als ihre Eltern sie fragten, warum ihre Beziehung nach so vielen Jahren dann doch noch scheiterte, erzählte sie ihnen, dass es nicht geklappt hätte, weil der Mann sich selbstverwirklichen wollte. Er sei einfach eines Tages mit einer zwanzig Jahre jüngeren Frau in einem schicken Sportwagen davon gebraust.

Ihr Vater schüttelte enttäuscht den Kopf: „Ich hab schon immer gewusst, dass er ein Arsch war!"

Der geparkte Mann

Es ist ein Skandal: jedes Jahr werden Männer jeglichen Alters zu Hunderten von ihren gelangweilten oder überforderten Frauen in den Wartebereichen von Kaufhäusern und Boutiquen skrupellos ausgesetzt und vergessen. So erging es auch Rüdiger.

„Och Tanja. Müssen wir da jetzt wirklich auch noch rein?", müde und genervt schlappte Rüdiger hinter seiner Freundin Tanja her. Tanja war heute auf einer Shoppingtour und Rüdiger müsste mit.

„Mensch Rüdiger", fauchte Tanja. „Sei doch ausnahmsweise dieses eine Mal nicht wie üblich die langweilige Spaßbremse. Ist es denn wirklich so viel verlangt, wenn wir hin und wieder auch mal was machen, was mir Spaß macht?"

„Ja aber, wir machen ständig nur das was du willst", warf Rüdiger vorwurfsvoll ein. „Vorgestern waren wir im Kino und haben uns diesen dämlichen Film mit Leonardo DiCaprio angeguckt. Gestern warst du im Nagelstudio und im Aerobic. Während ich draußen im Auto warten musste." Rüdiger blieb schnaufend stehen. „Und heute noch dieser grausige Einkaufmarathon. Wir sind jetzt schon über sechs Stunden unterwegs."

„Meine Güte", schrie Tanja dramatisch auf. „Und was war am Dienstag?"

„Wie, was war am Dienstag?", fragte Rüdiger.
„Na, was haben wir am Dienstag gemacht?", sagte Tanja schnippisch und ungeduldig. „Da waren wir Einkaufen." „Richtig. Da waren wir einkaufen und du durftest dir diese blöde Batman DVD und dein bescheuertes Fußball-Magazin kaufen. Also ich für meinen Teil finde es da nur fair, wenn ich dann heute auch mal dran bin, etwas für mich zu kaufen. Also, komm jetzt endlich. Deinetwegen entgehen mir noch die ganzen guten Angebote."

Zielstrebig marschierte Tanja in das nächstgelegene Kaufhaus. Erschöpft und widerstandslos folgte ihr Rüdiger.

„Das ist vielleicht ein Weichei", dachte sich Tanja, während sie die ersten tollen Angebote im Entree des Kaufhauses begutachtete. „Es wird definitiv Zeit ihn los zu werden."

Sie fuhren mit der Rolltreppe in ersten Stock, wo es die Damenoberbekleidung gab.

„So Rüdiger", sagte Tanja bestimmend, „bevor du mir nur wieder die ganze Zeit im Weg stehst und mir noch mehr kostbare Zeit raubst, wartest du hier!"

Sie schob ihn in Richtung eines, extra mit Sitzgelegenheiten und einem Fernseher eingerichteten, Wartebereich in Nähe der Umkleidekabinen. Dort saßen bereits schon andere Männer.

„Schau mal da! Da sind ja auch noch andere. Versuch doch mal, dich mit ihnen anzufreunden. Guck mal: Und im Fernsehen läuft Formel Eins. Den Blödsinn magst du doch."
„Das ist die Aufzeichnung vom Rennen vom letzten Wochenende. Das kenn ich schon."

„Ist mir aber auch scheiß egal, ob dir das jetzt recht ist oder nicht!", giftete Tanja Rüdiger an, der verschüchtert ein paar Schritte zurückging. „Du setzt dich jetzt gefälligst hier hin und wartest bis ich wieder zurückkomme."

Ohne ein einziges Widerwort setzte sich Rüdiger still zwischen die anderen wartenden Männer.

„Na endlich", schnaufte Tanja abfällig genervt. „So, und jetzt gib mir noch dein Portemonnaie!"
„Warum soll ich dir den mein Portemonnaie geben?" wollte Rüdiger kleinlaut wissen.

„Wird's bald!", brüllte Tanja aufgebracht und stampfte so zornig auf, dass sich ein alter Mann, der einen Platz weiter rechts von Rüdiger saß, vor Schreck zusammenkauerte.

Auch Rüdiger zuckte überrascht und erschrocken zusammen. Ängstlich griff er umgehend in seine Hosentasche, holte seine Geldbörse heraus und gab sie mit zittrigen Händen an Tanja. Mit einem kräftigen Ruck entriss Tanja ihm die schmale, schwarze Lederbrieftasche. Sie steckte das Portemonnaie ein und verschwand ohne ein weiteres Wort oder Verabschiedung im Gewirr der drehbaren Kleiderständer und Auslegewaren.

Rüdiger blickte ihr traurig hinterher. Der alte Mann zu seiner

Rechten kauerte immer noch zitternd auf seinem Hocker. Nach einer Weile gab Rüdiger es auf, Tanja hinterher zu blicken. Er hatte sie im Getümmel des Kaufhauses aus den Augen verloren. Enttäuscht blickte er sich um. Außer ihm und dem schreckhaften Alten waren noch drei weitere Männer von ihren Frauen hier geparkt worden. Diese hatten dem Anschein nach nichts von dem rüden Intermezzo zwischen der zornigen Tanja und Rüdiger mitbekommen. Alle drei starten einfach nur mit offenen Mündern auf den Fernseher und glotzen Formel Eins.

„Es ist okay. Sie ist weg", sagt Rüdiger beschwichtigend zu dem kauernden Alten, der sich erst jetzt langsam und vorsichtig aus seiner ängstlichen Schutzhaltung löste.

Rüdiger ließ erneut seinen Blick schweifen. Aber es gab nichts Weiteres zu entdecken. Also blickte er auch auf den Fernseher und sah sich das Rennen an, obwohl er es schon kannte.

Nach und nach wurden die anderen drei Männer von ihren Frauen abgeholt. Irgendwann wurde dann auch noch der schreckhafte Alte von einer äußerst jungen Brünetten abgeholt.

Sie begrüßte ihn mit: „Manni. Ja, komm Manni. Ja, der feine Manni muss seinem Schatz jetzt die schönen Einkäufe bezahlen!"

Freudig lief der Alte wackelig zu seiner attraktiven Frau, die ihm die Halbglatze tätschelte. Auch die beiden verschwanden im unsteten Treiben des Kaufhauses.

So blieb zuletzt einzig und allein Rüdiger übrig, der weiterhin geduldig auf die Wiederkehr seiner Tanja wartete.

Dann plötzlich: drei Schläge eines lauten Gongs. „Sehr geehrte Kunden. Wir möchten sie bitten, das Kaufhaus zu verlassen. Wir schließen in wenigen Minuten. Vielen Dank für Ihren Einkauf."

Jetzt machte sich doch allmählich änstliche Verunsicherung in Rüdiger breit. Wo blieb denn bloß Tanja?

Nach und nach erlosch ein Großteil der Beleuchtung. Rüdiger blieb stumm und regungslos im Halbdunkeln sitzen, bis eine Frau vorbeikam.

Es war nicht Tanja, sondern eine Mitarbeiterin des Kaufhauses. Sie entdeckte Rüdiger und sprach ihn vorsichtig an: „Hallo. Na, bist du ganz alleine?"

Rüdiger nickte.

„Wollte dich wohl keiner hier abholen, was?"

Rüdiger zuckte bloß mit den Schultern.

„Kannst du dich denn zumindest ausweisen?"

Rüdiger griff an seine Hosentasche, doch da fiel ihm ein, dass Tanja sein Portemonnaie hatte. Wieder schüttelt er einfach nur den Kopf.
„Ach herrje", schnaufte die Kaufhausmitarbeiterin. „Schon wieder einer ausgesetzt. Na dann komm mal mit!"

„Aber Tanja kommt mich doch abholen."

„Ja, ja. Sicher doch. Ganz bestimmt", versuchte die Kaufhausmitarbeiterin Rüdiger zu trösten. „Aber bis dahin kommst du jetzt besser erstmal mit." Sie nahm Rüdiger bei der Hand und er trottete ihr treu hinterher.

Mit dem Aufzug fuhren sie in das Untergeschoss. Sie stiegen aus und gingen durch eine große schwere eiserne Schwingtür. Dahinter erblickte Rüdiger einen breiten Annahmetresen und dahinter eine Frau mit grünem Kittel und halber Brille, die damit beschäftigt war etwas auf einer Art Akte zu notieren. Sie blickte jedoch umgehend hoch, als die Kaufhausmitarbeiterin mit Rüdiger im Schlepptau hereinkam.

„Ach Gott. Schon wieder einer sitzen geblieben?" fragte sie.

„Ja leider", antwortete die Kaufhausmitarbeiterin Rüdiger neben den Tresen manövrierend. „Während dem Sommerschlussverkauf ist es immer besonders schlimm."

„Der arme Kerl." Die Frau im grünen Kittel klappte ihre Akte zu. „Na, dann komm mal her. Wollen wir doch mal nach einem schönen Plätzchen für dich gucken."

Sie kam neben die Annahme zu Rüdiger und klopfte ihm auf die Schulter. Dabei schob sie den nichts ahnenden Rüdiger in Richtung einer weiteren Tür, auf der Auffangstation stand.
Hilfe suchend schaute Rüdiger noch einmal zurück um mit flehendem Blick nach der Kaufhausmitarbeiterin zu sehen. Doch sie war schon gegangen und er sah nur noch die ausschwingende Pendeltür.

Die Frau im grünen Kittel ging mit Rüdiger in die Auffangstation. Es war ein spärlich beleuchteter karger Raum, der mit seinen Pritschenhochbetten ein wenig an eine Bundeswehrkaserne erinnerte.

„So", sagte die Frau. „Das hier ist dein Platz. Hier kannst du erstmal eine Weile bleiben." Sie setzte ihn auf eins der unteren Betten.

Rüdiger sah, dass in den meisten der anderen Betten schon kauernde und wehmütig dreinblickende Männer lagen. Als die Frau ging rief er ihr noch: „Aber Tanja kommt mich doch abholen", nach.

„Ja. Sicher", sagend schloss sie die Tür.

Tanja stand zu Hause vor dem Spiegel und probierte heiter lächelnd die ganzen schönen Kleider, Hosen, Röcke und Oberteile an, die sie heute gekauft hatte.

Letztendlich entschied sie sich dafür, ein total trendiges, pinkes 80's Longshirt mit silbernem Glitzeraufdruck, auf einen kurzen schwarzen Rock mit breitem Gürtel und schicker Schnalle und dazu ganz tolle hohe Stiefel mit Pfennigabsätzen anzuziehen.
Mit einer neu erworbenen Spange, die perfekt zu ihrem Outfit passte, steckte sie ihre Harre hoch und schminkte sich sehr aufreizend.

In Schale geschmissen und fertig gestylt machte sie sich auf den Weg in die nächste Disko.

Schon nach kurzer Zeit flirtete der schöne Tim sehr heftig mit ihr. Sie tanzten und tranken jede Menge Smirnow Wodka Mischgetränke. Später am Abend ging Tanja dann mit Tim zu ihm nach Hause.

An Rüdiger hat sie nie wieder gedacht.

Am Mittwoch soll's schon wieder regnen

Hans stand schon eine ganze Weile verzweifelt vor der Eingangstür seines Hauses. Er hatte seine Aktentasche auf die erste Stufe gestellt, sein Jackett darüber geworfen, die Ärmel seines Hemdes hochgekrempelt und seine Krawatte am Kragen gelockert. Die Hände in den Taschen seiner Bügelfaltenhose blickte er in die untergehende Sonne.

Es half alles nichts. Auch wenn er noch die ganze Nacht hier stehen bleiben würde, irgendwann musste er es hinter sich bringen.

Mit einem tiefen und langen Seufzer nahm er seine Tasche, warf sein Jackett über den Arm und stapfte mit einem schweren Kloß im Hals bleiernen Fußes die drei Stufen zur Haustür hinauf. Als er die Tür aufgeschlossen hatte, hörte er drinnen aus der Küche schon das Surren des elektrischen Rührgerätes. Keine Frage: Gerlinde war am Kochen.

Hans stellte seine Tasche an die Garderobe und hing sein Jackett auf. Er überlegt kurz, ob er sich nicht einfach heimlich nach oben schleichen solle, um sich still ins Bett zu legen. Doch alle Fluchtüberlegungen halfen nichts. Er musste mit Gerlinde reden.

Als Hans die Küche betrat stand Gerlinde mit dem Rücken zu ihm. Auf dem Herd standen auf allen vier Platten Kochtöpfe, aus denen es heraus dampfte. Auch im Backofen schien etwas zu backen, da in diesem Licht leuchtete und die Lüftung summte.

Gerlinde rührte mit der linken Hand abwechselnd in den vier Töpfen auf dem Herd und mit der rechten Hand hielt sie beiläufig das elektrische Handrührgerät in eine Schüssel. Scheinbar schlug sie Sahne oder eine ähnliche Creme. Es roch alles wunderbar.

Gerlinde war schon immer eine hervorragende Köchin gewesen. Daher war es auch keine Wunder, dass sie mit den Jahren so aus der Form geraten war. Sie kochte, backte und briet den ganzen Tag lang. Wie gesagt, sie machte es ja auch sehr gut, nur für Königsberger Klopse hatte sie kein Händchen. Furchtbar! Hans ekelte es, wenn er nur daran dachte.

„Hallo Liebling", brachte Hans nur leise und schüchtern hervor.

Gerlinde reagierte nicht und rührte weiter in ihren Töpfen. Vermutlich hatte sie ihn aufgrund des surrenden Gerätes zu ihrer Rechten nicht gehört.

Also probierte es Hans noch einmal etwas lauter, aber immer noch sehr verhalten: „Hallo Liebling."

Gerlinde machte das Rührgerät aus und schlug es auf die Arbeitsplatte.

„Liebling, Liebling!", zeterte sie, ohne sich umzudrehen. „Kannst du mir bitte mal erklären, wo du dich die ganze Zeit rum treibst?"

Hans wollte gerade beginnen, Gerlinde zu erklären, warum er so spät nach Hause kam: „Ja weißt du, die Sache ist... also, wie soll ich dir das sagen... Also, ich habe da ein wenig Probleme auf der Arbeit...", als Gerlinde schon wider über ihn herfuhr.

„Du bist dir ja hoffentlich bewusst darüber, dass ich heute meinen Bridge Abend habe!"
„Oh nein", schoss es Hans durch den Kopf. „Du Trottel hast ihren Bridge Abend vergessen."

„Naaaaaaaa?" bohrte Gerlinde, immer noch in ihren Töpfen rührend, nach.

„Ja weißt du", sagte Hans kleinlaut. „Da hab ich leider nicht dran gedacht... Aber auf der Arbeit war heute..."

„Ah ja!", fiel ihm Gerlinde erzürnt ins Wort. „Das hab ich mir ja schon so gedacht. Meine Güte, an was denkst du eigentlich den ganzen Tag? Ist ja nicht so, als würde dieser Termin nicht schon seit einem halben Jahr feststehen. Nein, natürlich nicht! Und das heute die Frau von unserem neuen Bürgermeister das erste Mal dabei ist und dieser Abend daher besonders wichtig ist, spielt natürlich auch keine Rolle. Natürlich. Gerne. Das kann man ja ruhig mal vergessen."
Gerlinde stoppte kurz, um mit einem langen Holzlöffel, der in einem der etwas kleineren Töpfe auf der linken, vorderen Herdplatte steckte, ihre Soße zu probieren. Sie schlürfte und schmatzte kurz.

„Lass mich raten: An die Getränke, die du noch holen solltest hast du natürlich auch nicht gedacht?"

„Nein hab ich nicht", entgegnete Hans nur sehr verhalten seiner aufbrausenden Frau, aber sie hörte ihm gar nicht zu.

„Nein, natürlich auch das nicht. Warum solltest du auch? Die Frau Bürgermeister kann ja einfach bei uns aus dem Wasserhahn trinken. Das hinterlässt bestimmt einen hervorragenden Eindruck."

Gerlinde zeterte und schimpfte, während sie Kräuter hackte, diese in die Töpfe verteilte, die Töpfe auf dem Herd umrangierte, Gemüse abgoss, aus dem Hängeschrank rechts von ihr eine Pfanne holte und darin Butter ausließ.

Hans stand einfach nur da, zitterte innerlich und überlegt sich, wie er Gerlinde, wenn sie so aufgebracht war, nur beibringen sollte, dass ihm heute gekündigt wurde. Sie hatten ihn mit sofortiger Wirkung beurlaubt. Aus betrieblichen Gründen. Hatten sie ihm zumindest so gesagt. Das war auch der Grund, warum sie ihm keine ordentliche Abfindung zahlen konnten. Unmöglich. In diesem Zustand konnte er es ihr nicht sagen.

„Ach, und im Garten hast du auch noch keinen einzigen Handschlag getan. Das willst du schon seit Sonntag machen. Morgen ist bereits Mittwoch", merkte Gerlinde an.

„Am Mittwoch soll's schon wieder regnen!" ergänzte Hans.

„Na bestens!" schrie Gerlinde. „Am Mittwoch soll's schon wieder regnen! Sehr schön. Hast du noch mehr so tolle Nachrichten? Nicht nur, dass der Garten immer noch ungepflegt und verwildert aussieht, jetzt soll es morgen auch noch regnen. Das wird ja wunderbar, wenn morgen die Damen vom Verkehrs- und Verschönerungsverein vorbeikommen."

„Ja aber, was kann ich denn dafür, dass es morgen regnen soll?" warf Hans entgeistert ein.

„Mensch, jetzt mime nicht schon wieder das unschuldige Opfer.

„Aber ich bin doch ein unschuldiges Opfer und ich habe keine Lust mehr eins zu sein", dachte sich Hans.

„Deine Probleme wollt ich haben!", keifte Gerlinde. „Während sich der feine Herr in der Weltgeschichte herumtreibt und mit seinen Gedanken bei allem Möglichen ist, nur nicht bei den wichtigen Dingen, mühe ich mich hier ab, meine Lammkeule auf den Punkt zu garen und das Dessert noch fertig zu bekommen."

„Du machst eine Lammkeule?", wollte Hans fast schon ein wenig begeistert wissen.
„Ja, ich mache eine Lammkeule", äffte Gerlinde ihn nach. „Die ist aber nicht für dich, sondern für meine Gäste. Für dich steht Essen in der Mikrowelle. Das musst du dir nur noch warm machen. Hoffentlich kriegst du wenigstens das noch hin. Oder hast auch noch vergessen, wie man die Mikrowelle bedient?"

Gerlindes Boshaftigkeit überhörend griff Hans „Was gibt es denn?" fragend nach der Mikrowelle.

„Königsberger Klopse", antwortete Gerlinde, die Creme in kleine Förmchen füllend.

Hans ließ enttäuscht die Hand über die Mikrowellen Tür gleiten.

„Ich mag nicht mehr!", schrie es in ihm auf. Er wollte sich gerade ein Bier aus dem Kühlschrank nehmen, als Gerlinde sein Vorhaben unterbrach.

„Ach, und noch etwas: Zieh dir bitte um Himmelswillen etwas Vernünftiges an. Bloß nicht wieder diesen furchtbaren grauen schlabberigen Freizeitanzug mit deinen Opapuschen drunter. Man muss sich ja für dich schämen. Wie du immer herumläufst. Ich habe dir oben schon etwas zurechtgelegt. Sicher ist sicher. Ich weiß ja nicht, was sonst die Frau Bürgermeister von dir halten soll. Stell dir mal vor, ich würde mich so anziehen."

„Das sähe bestimmt sehr lustig aus", dachte sich Hans. „Wo sie doch um einiges korpulenter ist als ich."
„Am Besten du bleibst heute Abend weg. Du begrüßt die Damen ganz höflich und dann gehst du nach oben."

„Also, jetzt reicht es mir aber langsam!", schoss es verärgert und giftig durch Hans Gedanken.

Als sich Gerlinde bückte, um nach ihrer Lammkeule im Ofen zu gucken, sah Hans das elektrische Handrührgerät. Eher gesagt, er sah das Kabel.

Lautlos griff er danach und sagte leise: „Genug ist genug!"

Es war Viertel nach acht am Mittwochmorgen als Simons Handy klingelte. Eigentlich war heute sein freier Tag und er wollte ausschlafen. Doch leider hatte der alte Seiler einen Bandscheibenvorfall und so musste Simon dessen Sohn Mattis zur Hand gehen.

Simon quälte sich aus dem Bett, putzte schnell die Zähne und warf sich zwei Hände voll kaltem Wasser ins Gesicht. Zum Duschen war keine Zeit und für einen Kaffee schon gar nicht. Aber auf diesen wollte ihn Mattis nach der Arbeit einladen, hatte er zumindest so am Telefon versprochen.

Als Simon zu Mattis ins Auto stieg, war ihm immer noch ein wenig mulmig, und dieses Gefühl hielt auch noch während der Fahrt an.

Denn immerhin machte er diesen Job noch nicht so lange und empfand es noch nicht als etwas Selbstverständliches, so wie Mattis und sein Vater.
Mattis saß am Steuer und trommelte laut auf dem Lenkrad zur Musik mit.

Als sie an einem gepflegten Reihenhaus mit Buchsbäumen im Vorgarten und einer kleinen, dreistufigen Treppe angekommen waren, hielt Mattis das Auto an.

Die Handbremse anziehend grinste er: „Na dann wollen wir mal schauen, was wir hier Schönes haben."

„Von wollen kann hier nicht die Rede sein", antwortete Simon sich sammelnd.

Als sie ausstiegen, kam ihnen schon ein Polizist aus der Haustür entgegen.

„Da sind sie ja schon. Seiler und Sohn. Pünktlich wie immer. Gut, gut. Wir sind grade fertig geworden", begrüßte er die Beiden.

„Guten Morgen", antwortete Mattis. „Dann zeigen sie uns doch mal, womit wir es hier zu tun haben."

Mit einem äußerst flauem Gefühl in der Magengegend folgte Simon Mattis und dem Polizisten ins Haus.

„Ganz kuriose Geschichte", fing der Polizist an zu erzählen.
„Ganz normales Paar mittleren Alters. Er einen gut bezahlten Job in der Verwaltung einer Logistikfirma. Sie in einer Hand voll Vereinen aktiv. Und dann passiert mir nichts dir nichts so etwas. Die Zugehfrau hat sie heute Morgen in der Küche gefunden. Bekannte hatten sich wohl auch schon Sorgen gemacht. Sie war wohl am Kochen, da hat er sie von Hinten mit dem Kabel des elektrischen Handrührgerätes erdrosselt."

Als Mattis und Simon dem Polizisten folgend die Küche betraten, sahen sie die zwei Leichen auf dem Fußboden liegen. Drei weitere Polizisten waren gerade dabei die Utensilien der Spurensicherung einzuräumen. Ein vierter unterhielt sich mit einem Arzt.

„Auf jeden Fall hat er sich dann mit einem Cocktail aus Schlafmitteln selbst vergiftet."

„Irgendwie muss bei ihm eine Sicherung durchgebrannt sein", warf einer der, auf dem Boden neben den Leichen knienden, Polizisten ein. „Er hat uns da drüben an der Wand noch eine Nachricht hinterlassen.

Simon und Mattis blickten beide rechts neben sich an die Wand.

„Geschrieben hat er es mit Königsberger Klops Soße", sagte ein anderer verständnislos.

Tatsächlich. Es waren nur noch Fettrückstände auf der Tapete. Hier und da klebten noch Kapern und Zwiebeln und die Klopse lagen auf dem Boden. Aber man konnte noch lesen, was dort stand:

- Genug ist genug. Sie hat mich wie Dreck behandelt und war immer nur am Kochen! -

„Schande", sagte der Polizist, mit dem sie hereingekommen waren.

„Ja, Schande", sagte Mattis, „das es auf diese Weise enden musste."

„Was? Ach so… Ja", schüttelte sich der Polizist. „Nein. Ich meinte: Schande, weil im Backofen noch eine fertige Lammkeule steht."

Erst jetzt blickte Simon verschämt auf die zwei vor ihm liegenden toten Körper. Der Mann sah irgendwie sehr glücklich und entspannt aus in seiner Bügelfaltenhose, mit dem am Kragen offenen Hemd und der gelockerten Krawatte. Aber die Frau war definitiv die schlecht gekleideste Leiche, die Simon je gesehen hatte.

Nun gut, zugegeben, er hatte bisher auch noch nicht so viele tote Menschen gesehen. So etwas war ihm aber auf jeden Fall in den drei Monaten, die er jetzt schon beim Bestattungsinstitut Seiler & Sohn arbeitete, nicht unter die Augen gekommen.

Sie war eine korpulente Frau, schätzungsweise Anfang fünfzig, die einen alten verratzen viel zu engen grauen Herrenfreizeitanzug und an ihren Füßen solche komischen, braun-grau gemusterten Opa-Pantoffeln trug. Ihr Hinterteil passte nicht richtig in die Hose und ihr Bauch nicht unter das Oberteil.
„Na dann wollen wir mal!", unterbrach Mattis Simons Gedanken. Sie verließen die Küche, um aus ihrem Auto die Bahren und die Leichensäcke zu holen.

Vor der Tür angekommen blieb Simon stehen um erst einmal tief durchzuatmen.

„Alles klar?", fragte Mattis vorsichtig nach.

„Ja, ja… geht schon", antwortete Simon sich aufrichtend und konzentrierend.

„Seh's mal so", grinste Mattis, Simon eine Hand auf die Schulter legend und die andere mit der offenen Handfläche nach oben in Richtung Himmel streckend.

„Wenigstens regnet es heute nicht."

Das Phrasenschwein

Es war einmal ein kleines Phrasenschwein namens Dorothea. Es lebte in einem kleinen, sozialistischen Arbeiterstaat gar nicht weit weg von hier. Dem kleinen Phrasenschwein gefiel es sehr gut in diesem Land.

Ihr Vater war ein Priester, ein sehr gottesgläubiger Mann, der sehr gut für seine Familie sorgte, so dass es Dorothea und ihren zwei Geschwistern an nichts mangelte. Den ganzen Tag lang tolle sie einfach nur so durch die Gegend und freute sich, so ein gutes Leben zu haben.

Eines Tages kam ihr Vater zu ihr und sagte: „Doro, du kannst aber nicht nur dein ganzes Leben lang durch die Gegend tollen und spielen. Du bist jetzt in einem Alter, in dem du dir überlegen musst, was du in deinem Leben machen möchtest!"

„Aber Papa!", sagte Dorothea überrascht. „Das Rumtollen macht mir aber so viel Spaß!"

„Schatz, das geht aber nicht!", erklärte der Vater. „Das ist in unserem System halt nun mal so: Jedes Tier muss eine Funktion erfüllen. Schau mal. Der Papa ist ja Priester. Das macht er, weil das den Phrasenschweinen ganz gut liegt. Verstehst du?"

Das kleine Phrasenschwein nickte skeptisch.

„Du solltest dir also etwas suchen, bei dem du mit Phrasen zu tun hast... wie wäre es den mit Lehrer?"
„Nein!", schüttelte Dorothea den Kopf. „Lehrer find ich doof. Dann möchte ich Physik studieren. Da kann ich mich mit Phasen beschäftige, die sind ja den Phrasen sehr verwandt."

Der Vater runzelte sehr bedenklich die Stirn. Aber er liebte die kleine Dorothea so sehr, dass er ihr keinen Wunsch verwehren konnte.

Also schrieb sich das kleine Phrasenschwein an einer Universität ein und studierte Physik.

Einige Jahre später tollte das kleine Phrasenschwein nach der Uni wieder durch die Gegend, denn das machte es immer noch sehr gerne, als es auf einmal an einer Wiese eine Gruppe Tiere traf, die sich sehr angeregt unterhielten.

Neugierig lief das kleine Phrasenschwein zu den Tieren und fragte gespannt: „Was spielt ihr denn da?"

„Wir spielen Politik", antwortete der schlaue Fuchs.

„Politik?", fragte Dorothea interessiert. „Was ist denn Politik? Davon hab ich ja noch nie was gehört."

„Das ist was ganz, ganz Neues!", schnatterte eine elegante Wachtel im Speckmantel mit Rosmarin-Hut.

„Das kommt aus dem Westen und seitdem wir jetzt ein gemeinsames Volk sind, dürfen wir das hier bei uns auch spielen", näselte ein langnasiger, scheinbar erkälteter Tapir.
„Ja, und wie spielt man das?", wollte Dorothea neugierig wissen.

„Politik ist die Kunst der Staatsverwaltung. Es geht um Durchsetzung volkswirtschaftlicher Ziele und Interessen und um das auf die Gestaltung des öffentlichen Lebens gerichtete Handeln…!", rief der Linke-Lurch.

„Quatsch!", unterbrach der schlaue Fuchs garstig den Linken-Lurch, indem er mit der Pfote auf seinen Rücken schlug, so dass es nur ein kurzes „Quak" machte.

„Lass dir nichts erzählen. Der hat doch gar keine Ahnung, worum es bei Politik wirklich geht. Bei Politik geht es darum, dass einige Wenige den Ton in unserem Land angeben und bestimmen, was hier gemacht wird… es geht um Macht", grinste der schlaue Fuchs gehässig.

„Aber mein Papa sagt immer, dass Gott unser Handeln bestimmt!", entgegnet das kleine Phrasenschwein entsetzt.

„Neee, das ist schon ok!", schniefte der langnasige Tapir. „Wir sind ja christliche Demokraten!"

„Ach so, na dann", seufzte Dorothea erleichtert. „Dann möchte ich auch Politik spielen."

„Wir wollen aber auch Politik spielen!", raunte eine Herde Esel aufgebracht im Chor, die sich zur Gruppe gesellt hatten.

„Das geht ja auf gar keinen Fall!", schnatterte die Wachte im Speckmantel empört.

„Esel können nicht Politik spielen!", warf der schlaue Fuchs abfällig ein. „Ihr seid viel zu dumm und außerdem gibt es von euch viel zu viele. Wenn jetzt alle Esel Politik spielen wollen gibt es ja Keinen mehr, der arbeiten geht! Politik spielen ist nur was für besondere Tiere. Ihr seid das Volk!"

„Höh, höh, höh…!", lachten die Esel. „Wir sind das Volk!"

Ab diesem Tag nutzte das kleine Phrasenschwein jede freie Minute neben dem Physik-Studium, um mit den anderen Tieren Politik zu spielen. Es machte ihr sehr viel Spaß und die anderen Tiere waren ganz begeistert, was Dorothea für tolle Phrasen kannte.

Eine ihrer Lieblings-Phrasen war: „Lassen wir uns überraschen, was möglich ist!"

Immer, wenn die anderen Tiere hitzig diskutierten und zu keiner Lösung gelangten, sagte Dorothea: „Lassen wir uns überraschen, was möglich ist!", und alle lachten und waren begeistert. Dorothea freute sich, dass sie so gut Politik spielen konnte und verstand nun endlich, was ihr Vater damit gemeint hatte, dass sie sich eine Tätigkeit suche solle, die zu einem Phrasenschwein passt.

Eines Tages lernte das kleine Phrasenschwein auf einem Treffen der CDT, der Cristlich-Demokatischen-Tiere, die fette feiste Pott-Sau Harald kennen. Harald war der Chef der CDT und der amtierende Bundes-Eber. Dorothea war sehr beeindruckt von Haralds massig, gewaltiger Erscheinung und von dem, was er geschaffen hatte.

„Guck mal Doro", schmatzte Harald. „Jetzt gehören endlich alle Tiere wieder zusammen. Das hab ich gemach! Das hat das Volk nichts gekostet und wir ham uns die Taschen auch noch voll machen könne, ohne dass es die Esel gemerkt haben!" Harald lachte, dass seine Fettschwarte wackelte.

Dorothea war ganz begeistert und wünschte sich, dass sie irgendwann auch mal so toll Politik spielen könne wie Harald die Pott-Sau.

Plötzlich stand der Dachs mit den buschigen Augenbrauen, ein guter Freund von Harald der Pott-Sau und das unter Harald für die Finanzen zuständige Minister-Tier, im Rahmen und sagte ganz aufgeregt: „Harald, Harald! Ich hab mich verrechnet! Uns fehlt Geld! Die große Zusammenlegung hat doch viel mehr gekostet als wir dachten… wir müssen das Geld zurück geben!"

„Spinnst du!", brüllte Harald aufgebracht. „Ich geb' gar nichts zurück!"

Er stützte sich auf sein Doppelkinn und überlegte.

Das kleine Phrasenschwein war sehr aufgewühlt. So sehr hatte sie Harald und seine Art Politik zu spielen doch bewundert.

„Ich hab's!", rief Harald.

Das kleine Phrasenschwein und der Dachs mit den buschigen Augenbrauen warteten gespannt.

„Dann holen wir uns das fehlende Geld von den Eseln. Die sind doof genug. Die merken das eh nie!"

„Super Idee", jaulte der Dachs mit den buschigen Augenbrauen.

„Und Doro: Was meinst du?", fragte Harald gespannt.

Dorothea das kleine Phrasenschwein antwortete leise: „Lassen wir uns überraschen, was möglich ist!"

Somit war der Plan beschlossene Sache. Obwohl Harald den Eseln versprochen hatte, dass die Esel-Abgaben nicht erhöht werden, wurden diese erhöht.

Doch leider merkten es die dummen Esel und begannen sich zu beschweren. Sie wollten Harald die Pott-Sau nicht mehr als Bundes-Eber haben und verlangten von ihm, das er verraten solle, was aus dem Geld geworden war.

Harald sagte aber, dass es sein „Ehrenwort" nicht erlauben würde zu verpetzen, wo das Geld abgeblieben war.

Das ließen die Esel ihm zwar durch gehen, aber er durfte nicht weiter Politik spielen und der Posten des Bundes-Eber wurde ihm aberkannt.

Dorothea war sehr traurig, dass sie jetzt nicht mehr mit Harald Politik spielen durfte, denn die Esel wollten, dass Gerald der Party-Löwe ab jetzt den Posten des Bundes-Ebers übernehmen sollte. „Wie... wie doof ist der... ist dem... ist das denn!", stammelte Edgar der stotternde Weißkopf-See-Adler, der auch sehr aufgebracht über den Verlust ihres Freundes Harald der Pott-Sau war.

„So... so schlimm... so dumm... können doch nicht... ich meine nur... die Elstern... ich meine die Esel sein!"

„Da hat er schon Recht!", dachte das kleine Phrasenschwein. „Einen Party-Löwen zum Bundes-Eber machen ist schon ziemlich blöd. Das passt ja gar nicht."

Außerdem hielt Dorothea nicht viel von Gerald dem Party-Löwen, denn er war kein christlich-demokratisches Tier und sehr gut mit dem Linken-Lurch befreundet.
„Lass dir nichts erzählen. Der hat doch gar keine Ahnung, worum es bei Politik wirklich geht...", erinnerte sich das kleine Phrasenschwein an die Worte des schlauen Fuchs.

„Döriette... ich meine Dorothea... was soll ich... ich meine du... ich meine wir jetzt bloß machen?", fragte Edgar nervös.

Dorothea wusste auch nicht genau, was sie jetzt antworten sollte, deswegen sagte sie einfach wieder ihre Lieblings Phrase: „Lassen wir uns überraschen, was möglich ist!"

Edgar war total begeistert über den Scharfsinn und die Kompetenz der Aussage des kleinen Phrasenschweins. Er trommelte sofort alle christlich-demokratischen Tiere zusammen und gemeinsam beschloss man, dass Dorothea das kleine Phrasenschwein ab jetzt die Chefin der CDT sein sollte.
Dorothea freute sich, denn jetzt konnte sie in Fußstapfen ihres großen Vorbildes Harald der Pott-Sau treten und den ganzen Tag Politik spielen.

Einige Zeit später waren die Esel nicht mehr wirklich begeistert von Gerald dem Party-Löwen, denn er hatte es nicht geschafft, die Situation nach dem Rücktritt von Harald der Pott-Sau wieder besser zu machen. Er musste sogar noch mal die Esel-Abgaben erhöhen, weil einfach nicht genug Geld da war, um die Schulden der großen Zusammenlegung zu bezahlen.

Außerdem waren die Esel alle sehr enttäuscht, als sie erfuhren, dass der Party-Löwe Gerald sein Fell färbte und gar nicht von Natur aus so toll aussah.

„Wenn der uns bei solchen Dingen schon belügt, wie sollen wir ihm da Vertrauen entgegen bringen?", raunten die Esel.

Deshalb schlugen die Tiere der CDT vor, dass Dorothea das kleine Phrasenschwein jetzt Bundes-Eber werden sollte.

Das kleine Phrasenschwein war sehr aufgeregt, als es einige Tage später von Sabeltrine der geschwätzigen Gans zu einer Talkrunde eingeladen wurde. Man sagte ihr, dass Gerald der Party-Löwe und der Linke-Lurch auch da wären, damit man endlich klären könne, wer denn jetzt der neue Bundes-Eber werden solle.

Dorothea lief schnell zu Edgar dem stotternden Weißkopf-See-Adler und bat ihn, mit zu dieser Talkrunde zu kommen, da sie sich nicht wirklich traute, Gerald und dem Linken-Lurch alleine gegenüber zu treten. Edgar war natürlich bereit, sich an ihre Seite zu stellen.

Dann kam Dorotheas großer Tag. Edgar leistete sich stammelnd hitzige Wortgefechte mit Gerald dem Party-Löwen und dem Linken-Lurch.

Das kleine Phrasenschwein aber wusste nie so recht, was es zur Diskussion beisteuern sollte, denn die Dinge, über die hier gesprochen wurden, hatte es beim Politik spielen noch nie gehört.

Also lächelte sie meistens einfach nur hübsch und dachte sich: „Wow, selbst aus so nah sieht Geralds Fell nicht gefärbt aus."

Doch dann fragte Sabeltrine: „Frau Phrasenschwein: Was sagen sie denn dazu?"

Dorothea war entsetzt. Sie wusste doch gar nicht, worum es ging. Aber jetzt musste sie etwas sagen. Also sagte sie einfach wieder ihre Lieblings-Phrase: „Lassen wir uns überraschen, was möglich ist!"

Dieser Auftritt des kleinen Phrasenschweins begeisterte die Esel so sehr, dass sie entschieden, dass Dorothea ab jetzt der Bundes-Eber sein sollte.

Das kleine Phrasenschwein freute sich. Auch wenn es jetzt gemerkt hatte, dass es von Politik eigentlich keine Ahnung hatte.

Aber als Bundes-Eber kann man ganz viel reisen und muss sich erstmal keine Gedanken um die Belange der Esel machen.

Und wenn die Esel nicht merken, dass Phrasenschweine immer nur in Phrasen reden, immer das Gleiche sagen und eigentlich keine Ahnung von Politik haben, wird Dorothea das kleine Phrasenschwein noch viele viele Jahre fröhlich Politik spielen können.

Bei Gott zu Hause

Gerade noch auf den letzten Drücker, bevor die Sonne im Paradies untergegangen war, kam Gott von der Arbeit nach Hause. Es war sein Ritual vor dem Sonnenuntergang zu Hause zu sein.

Doch heute wäre er fast das erste Mal zu spät gewesen, da er sich in der Stadt mit jemandem fest gequatscht hatte. Ein Wildfremder, der ihn während einer gemeinsamen Aufzugfahrt angesprochen hatte, hatte ihn in ein Gespräch verwickelt.

„Sehr nett eigentlich", dachte Gott, denn für gewöhnlich sprach er nicht viel mit den Menschen.

Dieser Umstand hatte ihn jedoch in arge Zeitbedrängnis gebracht.

Normalerweise räumte er immer erst ein bisschen auf, wenn er nach Hause kam, denn er machte das nur sehr ungern morgens. Dann machte er sich etwas zu essen, versorgte seine zwei Kater und ließ sich gemütlich auf seiner Terrasse in seinem IKEA Schaukelstuhl Pöng nieder und genoss die beruhigende Wirkung der untergehenden Sonne.

Doch heute versorgte er, um noch rechtzeitig auf der Terrasse zu sein, nur schnell die zwei Kater Jules und Vincent, die schon maulten, als Gott zur Tür hereinkam kam.

„Na endlich! Wird aber auch mal Zeit", meckerte Jules.

„Mach Mal hin alter Mann, wir haben Hunger", raunte Vincent.

Die beiden saßen wie immer fett und faul auf der Couch und guckten Das Perfekte Dinner. Gott durfte die Beiden dabei niemals stören. Sie waren geradezu verrückt nach Kochshows. Am allerliebsten guckten die Beiden Unter Volldampf.

„Ja, ja. Ist ja in Ordnung", sagte Gott seinen Mantel an der Garderobe aufhängend.

Schnurstracks ging er in die Küche und machte zwei Dosen Thunfisch für Jules und Vincent auf.

„Sagt mal," rief Gott während dessen ins Wohnzimmer hinüber,

„warum macht ihr euch denn nicht eigentlich mal selbst was zu essen?"

„Weil du uns keine Daumen gegeben hast", kam nur genervt von Vincent.

„Versuch mal einen Dosenöffner zu halten, wenn du keine Daumen hast", ergänzte Jules gelangweilt.

Gott kam mit den zwei Tellern Thunfisch ins Wohnzimmer. Er hatte beide Portionen sehr liebevoll mit Petersilie dekoriert.

„Habt ihr wieder den ganzen Tag lang nur ferngesehen?", fragend stellte Gott die Teller auf dem Couchtisch vor den beiden mürrischen Katern ab.

„Was soll'n wir denn sonst machen?", fragte Jules. „Ohne Daumen ist das Leben witzlos."

„Ich weiß nicht", schüttelte Gott zweifelnd den Kopf. „Ich habe manchmal den Eindruck, ihr benutzt diese Daumengeschichte nur als Vorwand."

„Eh, verpiss dich!", brüllten die zwei Kater, als Gott vor dem Fernseher entlangging.

Fauchend hatte Jules ihm ein Couchkissen hinterher geworfen.

„Komisch," dachte sich Gott, „so was kriegen die Zwei auch ohne Daumen hin."

Jules und Vincent waren die letzten beiden Geschöpfe die Gott vor seinem Ruhestand geschaffen hatte. Irgendwann hatte er den Wunsch gehegt, menschlichere Katzen zu erschaffen. Na ja, es war nicht unbedingt seine beste Idee gewesen. Scheinbar war zu diesem Zeitpunkt bei ihm auch schon ein wenig die Luft und die Kreativität raus.

Aber auch, wenn die zwei Kater ziemlich tyrannisch waren, war er so doch zumindest nicht ganz so alleine.

Endlich konnte er sich auf seiner Terrasse in seinen Pöng fletzen. Gerade noch rechtzeitig, denn die Sonne war im Begriff unterzugehen. Gott liebte den Sonnenuntergang. Daher bemühtet er sich auch immer rechtzeitig nach Hause zu kommen, um diesen von seiner Terrasse aus beobachten zu können.

Nachdem sein Ruhestand aufgrund von mangelnder Altersvorsorge gescheitert war, er Insolvenz anmelden und er so gut wie seinen ganzen Besitz veräußern musste, war diese kleine Hütte, sein ehemaliges Sommerhaus am Rande des Garten Edens der letzte Besitz, der ihm geblieben war.

Hier lebte er jetzt zusammen mit den zwei Katern Jules und Vincent und betrachtet jeden Abend den wunderschönen Sonnenuntergang in der Erinnerung an die guten alten Zeiten, als Gottsein noch etwas Einmaliges und Besonderes war und die Menschen noch Respekt vor ihm hatten.

Vieles von dem, was er einst erschaffen hatte erfüllte ihn noch heute mit Stolz. Den Sonnenuntergang allerdings empfand er stets als etwas ganz Besonderes.

„Chef, das ist wirklich dein Meisterwerk. Quasi deine Sixtinische Kapelle." Hatte Petrus mal gesagt, als sie zusammen auf just dieser Terrasse saßen und in die untergehende Sonne blickten.

„Na ja. Eigentlich sollte eher die Sixtinische Kapelle Michelangelos Sonnenuntergang genannt werden, denn schließlich war mein Sonnenuntergang zuerst da", hatte Gott sich damals gedacht. Er freute sich aber trotzdem, denn er wusste ja, was Petrus damit sagen wollte.

Das Einzige, was den idyllischen Anblick störte waren der Baukran und die Baumaschinen der Firma Billfinger Berger, die in einiger Entfernung zu Gottes Haus zu sehen waren.

Dort war man gerade damit beschäftigt einen Teil des Garten Edens zu roden um Platz für ein nobles Fünf-Sterne-Hotel der Hilton Kette zu schaffen. Hier soll dann in Zukunft die High Society einchecken können, wenn sie zum Sightseeing oder zum Abschlag auf dem einzigen 23 Loch Golfplatz der Welt ins Paradies kam.

„Die reißen doch nicht wirklich den wunderschönen Mangrovenwald da drüben ab?", hörte Gott plötzlich eine Frauenstimme fragen.

„Doch", sagte Gott ohne sich umzudrehen. „Die Olivenhaine haben sie auch schon weg gemacht."

„Erschreckend, wie sich hier alles verändert hat", schüttelte die Frau bestürzt den Kopf.

„Tja", seufzte Gott sich in seinem Schaukelstuhl aufrichtend. „Das ist der Fortschritt. Hätte ich den doch bloß niemals erschaffen."

Er schwieg kurz, griff neben sich auf den kleinen Beistelltisch, auf dem seine Zigaretten lagen und steckte sich eine an.

„Ich glaube, damit habe ich damals meinen eigenen Untergang heraufbeschworen."

„Rauchst du immer noch so viel?", fragte die Frau fürsorglich und dennoch distanziert.

„Ach komm schon Maria", raunte Gott gekränkt. „Du bist doch nicht hierher gekommen, um dich um meine Gesundheit zu sorgen. Was willst du? Und wie bist du überhaupt hier herein gekommen?"

„Die Tür stand offen", kam es nur kurz und knapp über Marias Lippen.

„Blöde Katzen", brummte Gott mürrisch vor sich hin. „Lassen ständig die Haustür offen stehen. So, und was willst du jetzt von mir?"

„Meine Güte", entfuhr es Maria schnippisch. „Also, wenn du es genau wissen willst bin ich hier, weil du mit den Unterhaltszahlungen schon wieder zwei Monate im Verzug bist."

„Ah ha", schnaufte Gott. „Also wegen dem Geld bist du hier. Es hätte mich ja auch schwer gewundert, wenn es einen anderen Grund gehabt hätte."

„Also wirklich. Du, es gibt echt keinen Grund jetzt gemein zu werden", entgegnete ihm Maria verletzt.

„Ich verstehe sowieso nicht, warum ich immer noch für dich und…" er stockte kurz. „Na eben für euch beide bezahlen muss.

Joseph ist doch selbstständiger Schreiner, hat eine gut laufende eigene Firma und macht Kohle ohne Ende."

„Zimmermann", warf Maria ein.

„Bitte was?"

„Joseph ist Zimmermann, nicht Schreiner."

„Von mir aus", lenkte Gott genervt ein.

„Immer wieder die gleiche Leier", stöhnte Maria. „Hätte ich mir ja eigentlich denken können, dass diese Unterhaltung wieder darauf hinausläuft. Du kannst dich nicht immer aus der Verantwortung ziehen. Immerhin ist er dein Sohn. Schlimm genug, dass du nie für ihn da warst. Joseph hat sich auch schwer damit getan, als er erfahren hat, dass er nicht der leibliche Vater ist. Aber dennoch hat er sich immer bemüht ihm der Vater zu sein, der du nie sein wolltest."

Die Beiden schwiegen eine Weile.

Gott drückte seine Zigarette aus und zündete sich direkt eine neue an. Maria schnaufte leise, als sie dies sah.

„Gib mir noch eine Woche", sagte Gott kleinlaut. „Noch eine Woche, dann kriegst du dein Geld."

„Kein Thema", antwortete Maria sanft. „Es läuft bei dir im Augenblick nicht so gut, oder?"

„Doch, doch", beschwichtigte Gott. „Hat mich die letzte Zeit ein wenig gebeutelt, aber jetzt bin ich schon wieder oben auf."

„Also wenn du…" setzt Maria an, aber dann unterbrach sie das dreimalige Hupen eines Autos. Gott neigte sich vor um über die Veranda zu blicken.

„Das ist Joseph. Du weißt doch, wie ungeduldig er sein kann", feixte Maria gekünstelt.

Gott nickte.

„Also dann." Kurz nur hob sie schlaff die Hand zum Gruß, lächelte müde, drehte sich um und ging.

Gott blickte ihr sehnsüchtig und traurig hinterher. Doch dann blieb Maria noch einmal kurz stehen.

„Denk bitte dran: Der Junge hat bald Geburtstag. Ich glaube, er würde sich sehr freuen, wenn du dich mal melden würdest."

Sie schluckte.

„Er leidet sehr darunter, dass du dich von ihm abgewendet hast."

„Mal schauen, was sich machen lässt."

Wieder hupte das Auto.

„Mach's gut", sagte Maria und ging nun endgültig, ohne sich noch einmal umgedreht zu haben.

Gott rauchte schweigend seine Zigarette fertig, während er die letzten Minuten des Sonnenuntergangs beobachtet. Danach ging er wieder ins Haus und holte sich in der Küche aus dem Kühlschrank eine Flasche Apfelschorle.

Im Wohnzimmer ließ er sich in seinem Sessel neben der Couch, auf der Jules und Vincent saßen, nieder.

„Was guckt ihr?" fragte er die beiden stumpf auf das Geflimmer des Fernsehers starrenden Kater.

„Kocharena", miaute Vincent.

„Wer kocht?" harkte Gott nach.

„Tim Melzer", antwortete Jules.

„Oha", sagte Gott. „Na, dann bin ich ja mal gespannt, ob er es beim Dessert wieder verkackt."

Alle drei lachten.

Kachelklopper & Co.

(Der Kampf ums Frühstückbrötchen)

Neulich haben Anna und ich bei ihren Eltern übernachtet. Anna musste schon ziemlich früh raus. Ich genoss den Luxus, mich noch einmal umdrehen und noch etwas weiter schlafen zu können.

Bevor Anna ging, kam sie noch mal zu mir ans Bett, weckte mich sanft und sagte mir, dass sie mir Frühstück im Kühlschrank bereitgestellt hätte. An mein Frühstücksbrötchen denkend rollte ich mich noch einmal ein und schlummerte noch eine Weile, bis mich der hässlich piepende Wecker aus meinen Träumen riss. Na ja, im Kühlschrank wartete ein triftiger Grund, warum sich das Aufstehen lohnen sollte.

Als ich aus dem Badezimmer kam, warf ich mir schnell noch ein paar Klamotten über und grätschte, in heller Vorfreude auf die mich beim Öffnen des Kühlschrankes erwartenden Leckereien, schlank die Treppe runter.

Was ich dummerweise nicht bedacht hatte war, dass die Handwerker zugange waren. Das war auch der Grund, warum wir bei Annas Eltern übernachteten. Ihre Eltern mussten überraschend weg, und wir sollten die Handwerker bei ihren Fliesarbeiten beaufsichtigen.

Als ich am Treppenabsatz angekommen war, kniete der Fliesen-Meister gerade am Boden, um die Fliesen vor der Treppe zu verlegen.
Freundlich begrüßte ich ihn: „Na Chef! Alles frisch? Nett von dir, aber Kniefall muss echt nicht sein. So! Komm du Fliesenschinder, jetzt mal hoch auf die Beine und schön den Weg frei gemacht! Du hältst nämlich die Nahrungskette auf. Ich muss in die Küche."

Eigentlich dachte ich, ich hätte mich klar und deutlich ausgedrückt, doch irgendwie hatte mich der Buckelknilch nicht richtig verstanden.

„Guter Mann. Sie sehen doch, dass ich hier gerade am Fliesen bin. Sie können jetzt nicht in die Küche."

Zugegeben, es fiel mir in Anbetracht der prekären Lage sichtlich schwer freundlich zu bleiben, aber ich hielt mich nach Kräften im Zaum.

„Sach ma, hast du etwa nicht Herr der Ringe gesehen? Stell dich nie zwischen den Nasgul und seine Beute!"

Ich glaube, das schöne Gleichnis hatte er nicht ganz verstanden, denn er guckte nur blöd wie drei Meter Feldweg an.

Als ich allerdings meinen grazilen Körper von der untersten Treppenstufe aufs frisch gefliese Teracotta verlagerte, wurde sein Gesicht eher schmerzverzerrt bis zornig und der Kachelklopfer fing an zu schreien. Anfangs dachte ich noch, er sei nur sauer, weil ich ihm sein Mosaik verschoben hatte, doch dann bemerkte ich, dass seine Finger unter der Fliese klemmten, auf der ich stand. Also machte ich einen gekonnten Sprung in die Mitte des Raumes, um den geschundenen Puzzelflossen die Freiheit zu schenken.

Der Fugenschmierer wurde rot und fing an sich die Seele aus dem Leib zu schreien.

Meine Herren! Zum Glück bin ich ja tierlieb. Deswegen hab ich es zuerst auch mit gut zureden versucht.

„Hör mal. Das mit deinen Fummelstummeln tut mir ja echt leid, aber das ist doch noch lange kein Grund, zu heulen wie ein kleines Schulmädchen, das beim Gummitwist auf die Fontanelle geknallt ist! Seh's doch mal positiv: Sag doch einfach deinem Chef, dass dieser Dämlack von einem Lehrling dir einen Stapel Fliesen auf die Pranken gedonnert hat. Nein? Überleg mal, dann kannst du schön die Berufsgenossenschaft um ein paar Öhre prellen und... pass auf, jetzt kommt das Beste...", ich machte eine dramatische Pause, „mal wieder schön 14 Tage blau machen!"

Ich klopfte ihm aus sicherer Entfernung auf die Schulter.

„Ich hab dir quasi einen Gefallen getan."

Also, ich für meinen Teil fand meine Argumente durchaus spitze. Der Kachelschupser scheinbar nicht, denn er lies sich zu einer verbalen Entgleisung hinreißen.

„RUNTER VON MEINEN FLIESEN DU ARSCHLOCH!!!"
Ich entgegnete nur: „Bitte?!?! Was war das gerade? Sag mal, du willst doch hoffentlich nicht deine debile Kachelklopperei als ordentliche Fliesarbeit bezeichnen?"

Ich blickte mich kurz um und sah die durch meinen Sprung in die Mitte des Raums verschobenen und gebrochenen Fliesen, an deren Seiten der Kitt hoch gepresst war.

„Ist doch alles total durcheinander!"

Jetzt drehte der Fliesen-Hulk erst richtig auf, griff nach seiner Kelle und wollte auf mich los, als gäbe es kein Morgen mehr.

Im Bruchteil einer Millisekunde errechnete ich meine Chance, wie schnell dem Rübezahl die Lichter ausgehen würden, wenn ich ihm gekonnt eins mit der neben mir stehenden Speisbüttel überziehen würde.

Daher entgegnete ich ihm noch mutig: „Na komm doch her! Du kriegst gleich mal ordentlich Licht ans Fahrrad. Ich klopf dir ein Pussel in die Brille, das kriegst du mit deinem billigen Fliesenkleber nicht mehr zusammen!"

Wir waren beide bereit zu beweisen, wie viel männliches, testosterongeschwängertes Aggressionspotential in uns steckte, als die Tür aufging und Anna hereinkam.

Entsetzt, aber mutig stellte sie sich zwischen uns. Sie beruhigte den Spachtelklatscher, bot ihm reichlich Kaffee, Bier, eine Buddel Jägermeister und 100,- Euro extra an.
Mich beförderte sie ziemlich zügig vor die Tür und erzählte dem Schieferschnitzer irgendetwas davon, dass ich vermutlich nur zu hohen Blutdruck hätte.

Anna ist mit mir dann erst mal etwas essen gefahren. Ich durfte den Rest des Tages das Haus nicht mehr alleine betreten. Gott sei dank hatte ich eh Einiges zu tun und war unterwegs.

Als ich abends wiederkam, war der Fliesenleger schon weg.

Freudig ging ich in die Küche, um mir dort mein den ganzen Tag auf mich wartendes Frühstücksbrötchen aus dem Kühlschrank zu holen.

Als ich das Brötchen aufklappte musste ich mit Erschrecken feststellen, dass es mit Leberwurst bestrichen war. Ich mag aber keine Leberwurst. Also hab ich es einfach wieder zurück in den Kühlschrank gelegt.

Helge ist ein mieser Drummer

Die folgende Geschichte spielt im Sommer 1992. Um genau zu sein, in den ersten Wochen der Sommerferien.

Während sich das ehemalige Westdeutschland immer noch über die neu gewonnen Brüder und Schwestern aus den Osten wunderte und diese ihre neue Freiheit, so wie die Welt jenseits der Mauer erkundeten, feiert die Jugend frenetisch eine aufmüpfige drei Mann Truppe aus Aberdeen Washington USA in komischen Strickjacken, die mit ihrer zornig melancholischen Mischung aus Rock und Punk den Grunge mainstream-tauglich machten.

Teenies auf der ganzen Welt tanzten katatonisch in dunklen Kellern zu Songs wie „Smells like teen spirit" und das Album „Nevermind" war so angesagt, wie schon lange keine Platte mehr.

Entgegen diesem Hype, der glauben machte, Heavy Metall sei tot, entschieden sich vier Jungs dazu, die größte Thrash- Metal-Band aller Zeiten zu werden. Und genau diese Entscheidung trafen sie nicht in Los Angeles, nicht in London, nicht in Berlin oder München, sondern im verschlafenen und durch den in der Nähe gebrauten Dauborner Doppelkorn geprägten Örtchen namens Niederbrechen, in der Nähe von Limburg an der Lahn, in dem mit Jürgen Drews und Ilja Richter Postern dekorierten Partykeller von Dirks Vater.

„Heil Satan!", schrie Peter, als er die Treppen in den Partykeller herunter kam.

Normalerweise wurde diese Begrüßung durch eben selbigen Ausruf erwidert. Aber nicht an diesem Tag.

Wie im Augenblick üblich lief im Hintergrund das Black Album von Metallica, das die Jungs seit ungefähr einem halben Jahr rauf und runter hörten.

Doch über die 40 Watt Kompaktanlage mit Plattenspieler und Tonbandgerätanschluss röhrte dieses Mal nicht, wie sonst in voller, die Boxen weit über die Grenzen ihrer Belastbarkeit strapazierenden, Lautstärke Enter Sandman oder Where ever I may roam, sondern in mäßiger Lautstärke Nothing else matters.

Genau in diese Stimmung hinein raunten Achim und Dirk nur ein müdes „Gude" und „Ja, Gude".

Achim klimperte mürrisch dreinschauend auf seiner Gitarre, einer verratzten Hopf Wandergitarre, die er von seinem Onkel bekommen hatte und umgehend mit einem Megadeth Rust in Peace Aufkleber frisiert hatte, den Anfang von Nothing else matters mit.

Allerdings konnte er nicht mehr als das auf- und abgezupfte, leergegriffene E-Moll des Intros spielen.

Dirk, der als einziger ‚'richtiges" Equipment besaß, einen vermutlich aus Pressspan oder den Überresten einer Klotür gefertigten Ibanez Bass und einen 15 Watt Noname Fender Verstärker Nachbau, von dem keiner so recht wusste, ob er eigentlich für Gitarre, Bass oder irgendetwas anderes gedacht war, blätterte in einem alten speckig glänzenden Pornoheftchen, das sein Vater unter dem Tresen seiner Bar im Partykeller versteckte.

Peter zog seine runde grüne John Lenon Brille ab: „Hallooohoo? Mc Fly jemand zu Hause?"

Peter favorisierte eigentlich den Künstlernamen Virgin Killer. Den Namen hatte er, weil er die meiste Zeit ein verwaschenes Scorpions T-Shirt trug, das er von seinem Bruder geerbt hatte, als dieser plötzlich feststelle, dass die Scorpions scheiße sein, obwohl er zwei Wochen vorher noch das halbe Zimmer mit Postern von ihnen plakatiert hatte.

Peter - oder Virgin Killer - war der Sänger und der Frontmann der Band.

Er schrieb auch die Texte. Also, um genau zu sein war es nur einer, der ungefähr so ging: „Kill and die. Kill and die. You must die, because I kill."

Klang auf Anhieb nicht besonders toll, aber wenn Peter sich die Seele aus dem Leib schrie und Achim dazu Powercords auf seiner frisierten Wandergitarre schrammelte, war ein gewisses Thrash Potential durchaus zu erkennen.

Außerdem kamen mit Peter auch meistens die Groupies: Seine zwölf- und fünfzehn-jährigen Cousinen.

Auch das war jetzt noch nicht so richtig Sex, Drugs and Rock' fuckin' Roll, aber irgendwo mussten sie ja mal anfangen und die zwei fanden es im Gegensatz zu allen anderen Mädchen cool, mit den Jungs rumzuhängen.

„Hier is' ja ne Stimmung wie auf nem Depeche Mode Konzert!", raunte Peter seine beiden Bandkollegen an.

„Ach", brach Dirk endlich sein Schweigen. „Es geht um Helge."

Peter hatte ein schockiertes Entsetzen in den Augen, da er befürchtete, dass ihrem Schlagzeuger Helge irgendetwas passiert sei.

„Was ist den mit Helge?" wollte Peter aufgeregt wissen.

„Helge ist ein mieser Drummer!", unterbrach Achim sein Gitarrenspiel.

Erleichterung machte sich bei Peter breit.

„Ja und? Was soll das jetzt heißen?" fragte er.

„Ach Scheiße!", motzte Dirk, das Pornoheftchen in die Ecke feuernd.

„Ich weiß es ja auch nicht."

Er schwieg kurz.

„Wahrscheinlich müssen wir ihn aus der Band schmeißen."

Jetzt klingte sich Achim wieder in das Gespräch ein.

„Weißt du, wenn wir wirklich echt die ganz großen Stadiums rocken wollen, dann brauchen wir eher son Dave Lambardo Typen."

„Mein Cousin", warf Peter ein.

Er hatte eine riesige Verwandtschaft.

„Mein Cousin Paul ist ein spitzen Drummer."

„Bullshit!" schrie Achim. „Dein Cousin spielt die Pauke in der Feuerwehrkapelle!"

„Na und?", grummelte Peter. „Dann hat er wenigstens Gefühl für die Bass-Drum. Und glaub mir, mit seinen Klöppeln spielt der so schnell Double-Bass, dass du nicht mehr hinterher kommst! Und ne fette Double-Bass brauchen wir, wenn wir One irgendwann mal richtig spielen wollen. Außerdem, wann schaffst du dir eigentlich mal richtiges Equipment bei? Mit deiner scheiß Klampfe. So wird das nie was!"

„Ach, halt die Fresse!", giftete Achim zurück.

„Ich hab euch doch gesagt, dass ich die letzten drei Ferienwochen meinem Opa auf'm Feld aushelfe und von den Kohlen kauf ich mir dann nen Marshall und ne geile Extrorer wie'de Hedfield!"

„Du meinst ne Explorer", wollte Dirk gerade sagen, als Peter weiter zickte.
„Ja, wird auch langsam mal Zeit, sonst fliegst du nämlich aus der Band!"

„Na ja, ganz unrecht hat er ja nicht", versuchte Dirk jetzt zu schlichten.

„Wenn wir One wirklich mal komplett spielen wollen, dann brauchst du unbedingt nen Verzehrer."

One von Metallica war die einzige Nummer außer Kill and Die, die die Jungs spielten. Immer nur den Anfang, denn mehr konnte Achim nicht und die verzehrten Teile klangen auf seiner frisierten <u>Wandergitarre ohnehin scheiße.</u>

„Ach, ihr könnt mich mal!", maulte Achim mit seiner Gitarre in der Hand aus dem Sessel aufspringend.

„Wißt ihr was: Ich hau jetzt ab und mach meine eigene Band."

„Machst du jetzt den Mustaine?", lachte Peter.

Auch Dirk musste lachen.

Noch bevor Achim etwas sagen konnte ging die Tür auf und Helge kam herein.

„Heil Satan!"

„Heil Satan!", riefen die anderen drei überrumpelt durcheinander.

„Jungs, kommt mal mit. Ich muss euch unbedingt was zeigen!", sagte Helge mit einem breiten Grinsen im Gesicht.

Gespannt folgten ihm seine Bandkollegen.

Als sie alle vier vor der Haustür von Dirks Elternhaus standen wollten sie ihren Augen nicht trauen. Dort standen zwei nagelneue Tama Bass-Drums.

„Die, die Ulrich spielt!", sagte Helge, der sich sichtlich über die sprachlosen Gesichter seiner Mitstreiter freute.

„Elektromatisch!", sagte Dirk.

„Mindestens 22 Zoll", hauchte Achim.

„Quatsch. Bestimmt 30", stotterte Peter.

„Man, wie kommst du denn dazu?", wollte Peter wissen.

„Ihr werdet es nicht glaube," strahlte Helge. „Der Bauer Gundels hat mit seinem Trecker meinen Hund überfahren und zum Trost haben mir meine Eltern die Dinger gekauft."

„Geil", schüttelte Achim staunend den Kopf.
„Und Gundels hatte so ein schlechtes Gewissen, dass er mir noch 200 Mark gegeben hat. Davon hab ich mir neue Becken gekauft."

Erst jetzt bemerkten die Jungs die runde Tasche auf Helges Rücken.

Bisher trommelte Helge auf einem viel zu kleinen Kinderschlagzeug mit verrosteten Becken, das er von einem der Trommler aus der Feuerwehrkapelle gekauft hatte.
„Also, was ist?", unterbrach Helge das allgemeine Staunen. „Helft mir die Dinger runter zutragen."

Peter und Achim schnappten sich sofort einen der Kessel und manövrierten ihn vorsichtig durch die Haustür.

Dirk staunte immer noch.

„Einfach zu geil. Jetzt können wir endlich richtig One spielen."

„Ja", sagte Helge. „Aber Achim muss sich jetzt endlich mal ne gescheite Axt und nen Amp kaufen, sonst müssen wir ihn leider rausschmeißen."

Dirk nickte.

Malte war da
Teil I: Die Theorie

Pärchen und ihre Freundeskreise

Es gleicht fast einem Naturgesetz, dass - sobald man dauerhaft in einer festen Beziehung ist - man fast nur noch Zeit mit anderen Pärchen verbringt.

Als Single ist der Mann mit seinen Kumpels unentwegt auf Sauftour und Beutefang. Die Frau unternimmt ‚'gesellige" Dinge mit ihren Freundinnen und wird dabei von genau der gleichen Intention getrieben, wie der Mann.

Haben ein Mann und eine Frau sich dann letztendlich gefunden, gibt es erst mal niemand anderes mehr. Die beiden konzentrieren sich voll und ganz auf einander, was dazu führt, dass der ehemalige Single-Freundeskreis verprellt wird, da jede frei Minute nun vorrangig dem neuen Partner gewidmet wird.

Das funktioniert und erfüllt die beiden allerdings nur bis zu dem Zeitpunkt, an dem beiden bewusst wird, dass sie schleunigst wieder unter Leute müssen, da die ständige Zweisamkeit auf Dauer unerträglich wird.

Sie haben sich schon alles, was man erzählen kann doppelt und dreifach erzählt und auch schon den Fehler gemacht, dem Partner das ein oder andere pikante Detail der Vergangenheit zu verraten, was nur zu Streitereien und der damit verknüpften Erkenntnis führte, dass es in einer gut funktionierenden Beziehung gar nicht nötig ist, dem Partner alles anzuvertrauen. Ja, es gleicht sogar fast einer Notwendigkeit für den harmonischen Verlauf dieses tunlichst zu unterlassen.

Auch mit der Tatsache, dass es nach einer Weile nicht mehr so prickelnd, wie in den ersten Tagen ist, den ganzen Tag und die Momente, in denen man sich nichts zu sagen hat, mit Sex auszufüllen, sieht sich das Paar eher, als es den beiden lieb ist, konfrontiert.

Aber mit wem sollen wir jetzt wieder Kontakt aufnehmen?

Die Partnerin mit zu einem der langwierig exzessiven Saufgelage mit den Kumpels oder dem Fußballclub zu nehmen, ist selten eine gute Idee.

Manch andere Beziehung nahm ein jähes Ende, als die Frau sich überlegte, den Partner mit zu einem Sex and the City-DVD-Abend mit den Single-Freundinnen mitzunehmen.

Und was machen wir jetzt?

Es muss also dringend eine Lösung gefunden werden, an der beide Seiten partizipieren. Somit bleibt den beiden letztendlich nichts anderes übrig, als auf andere Pärchen zurückzugreifen, auch wenn sie diese früher immer für total borniert und langweilig hielten, da diese sich ja prinzipiell immer nur mit einander beschäftigt oder mit anderen Pärchen getroffen haben.

An diesem Punkt kommt ein durchaus spannender Moment: Wenn sich beide damit abgefunden haben, dass die einzigen potentiell dauerhaft funktionierenden Sozialkontakte in Zukunft gleichermaßen Benachteiligte, ergo andere Pärchen, sein werden, findet ein, die Beziehung dauerhaft prägendes, Kräftemessen statt.

Wessen Freundeskreis setzt sich durch?

Beim Durchforsten der einstigen Kontakte stoßen Mann und Frau auf verstaubte Karteien von ehemaligen Bekannten, zu denen der Kontakt einbrach, als diese sich dauerhaft für eine feste Beziehung entschieden.

In vielen Fällen entbrennt an dieser Stelle ein regelrechter Wettstreit: Wem gelingt es als erstes ein Treffen und wem gelingt es, die meisten Treffen mit möglichen neuen Freundespaaren auszumachen.

In der Regel gewinnt die Frau und die finale Auswahl der zukünftigen befreundeten Pärchen entstammt zum Großteil ihrem Freundeskreis.

Der Grund dafür ist banaler als man vermutet: Männer kommen mit fremden Männern besser aus, als Frauen mit fremden Frauen.

Fragt die Frau den Mann nach einem Treffen mit einer Freundin und deren, für den Mann bis dato unbekannten Partner, wie er ihn findet, wird seine Antwort mit ziemlich sicherer Wahrscheinlichkeit „Ist okay!" sein. Egal, ob die beiden sich den ganzen Abend bestens mit einander beschäftigt haben oder die ganze Zeit lang kein einziges Wort miteinander gewechselt haben.

Geschieht dies andersherum, also fragt der Mann die Frau nach deren Begegnung mit einer ihr unbekannten Frau, wird die Antwort in etwa so ausfallen: „Oh mein Gott! Was für eine fürchterliche Person. Wie kann man nur solche Ansichten haben? Ach ja, und Geschmack hat sie auch keinen… etc."

Frauen stellen nun mal an eine potentielle neue Freundin hohe Anforderungen. So muss sie jemand sein, die exakt die gleichen Ansichten hinsichtlich Modegeschmack, Humor, Liebe, Beziehung, Ernährung, Freundschaft, Familie, Beruf, Sport, Sex, Musik, Filme, Telenovelas, Tiere, Solarium, Nagel-Design und noch einer Vielzahl anderer Dinge hat.

Wenn schon eine neue Freundin, dann auch eine für die Ewigkeit.

Männer gehen da doch deutlich rudimentärer an die Thematik „Neue Bekanntschaften" heran.

In der Regel gibt es für den Mann nur drei essentielle Kriterien, die er abgedeckt bzw. Fragen, die er beantwortet wissen will:

1.) Hat er Bier im Haus?
2.) Schaut er Fußball?
3.) Was für ein Auto fährt er?

Sollten diese drei Anforderungen auch nur ansatzweise befriedigt werden, also schaut der Neue Fußball, hat aber nur Äppler im Haus ist das für den Mann überhaupt kein Problem.

Hat er Bier im Haus, schaut aber Eishockey und fährt ein Motorrad, haben die beiden immer noch genug Parallelen, so dass der Neue als „Ist okay!" kategorisiert wird.

Schwierig wird es nur, sollte der Mann auf eines dieser seltenen Individuen treffen, welche nur Rotwein oder zu seinem Entsetzen sogar gar kein Alkohol im Haus haben, sich nichts aus Fußball und/oder Sport generell machen und mit dem Fahrrad und öffentlich Verkehrsmitteln fahren, um die Umwelt zu entlasten.

Sollte er auf eines dieser Individuen treffen, erkennt er dieses nicht als Gleichgesinnten, also als einen Mann und kategorisiert es daher in die Sparte Frau.
Daher fehlt ihm bei einem gemeinsamen Treffen der Pärchen eine männliche Bezugsperson, so dass diese Konstellation als Paar des neuen Freundeskreises keine Zukunft hat.

Wurde nun abschließend von der Frau die finale Auswahl der Paare getroffen, die ab jetzt den neuen Freundeskreis bilden, lässt sich hier ein immer wiederkehrenden Schema erkennen, nach dem eine Clique zusammengestellt wird.

Wir unterscheiden fünf klassische Stereotype, die sich in leicht variierender Form immer wieder finden lassen:

1.) Das drahtige, Sport und Tanz begeisterte Paar
2.) Das schöne und erfolgreiche Paar
3.) Das humorige, leicht untersetzte Paar
4.) Das alternative, ökologische Paar
5.) Das ungleiche, ewig streitende und in der Gruppe eigentlich gar nicht mehr erwünschte Paar

Obwohl es sich mit der Zusammensetzung eines Freundeskreisen oft ähnlich wie mit Rudeltieren verhält, wer die Gruppe durch andauerndes Streiten und Lamentieren bremst, wird einfach zurück gelassen und durch ein anderes Paar ersetzt, ist es manchmal fast unmöglich die harmoniestörenden Unholde loszuwerden.

Denn leider ist bei letzterem Pärchen oftmals das Problem, dass die Frau/en eine langjährige, emotional weitreichende Verbindung zu der Frau des Problempaares haben, z.B. kommt es häufig vor, dass sich die beiden schon seit der Schule, dem Kindergarten oder sogar schon seit der Krabbelgruppe kennen oder in ganz extremen Fällen in einem Verwandtschaftsverhältnis zu einander stehen.

Diese Verbundenheit erschwert denn Ausschluss des Paares aus der Clique und macht ihn ab und an sogar fast unmöglich.

Denn wie schon zu Beginn erwähnt, wenn eine Frau sich dazu durchringt eine andere zu ihrer Freundin zu erwählen, dann wurde diese von ihr vorher auch ausgiebig auf Herz und Nieren geprüft, denn diese Freundschaft war eigentlich für die Ewigkeit gedacht...

Malte war da
Teil II: Die Vorgeschichte

Heute ist mein Tag

Ich hatte an diesem Tag seit längerem endlich mal wieder frei. Anna war schon recht früh morgens zur Arbeit gegangen und wollte sich nachmittags noch mit ihrer Freundin Madeleine auf einen Kaffee treffen.

Ich hatte ganz gemütlich bis mittags ausgeschlafen. So gegen 13 Uhr machte ich mich immer noch ein wenig schlaftrunken daran, mein Frühstück/Mittagsimbiss ganz gemütlich im Wohnzimmer auf der Couch, beim King of Queens Gucken, zu verzehren, als zu allem Überfluss das verfluchte Telefon klingelte.

Ich entschied mich dagegen aufzustehen, ignorierte ganz einfach das Klingeln und amüsierte mich lieber über King of Queens, weil Doug seinen Freund Deacon, der in einem bunten Wollpullover vor der Tür der Heffernans stand, fragte, warum dieser sich als Bill Cosby verkleidet hätte.

Ich stellte grinsend meine Müslischale weg und angelte nach einem Teller mit kalter Pizza, als ich leider hören musste, dass nun auch mein Handy klingelte.

Ich hatte beim Klingeln des Festnetztelefons, da eigentlich nur sehr wenige Leute die Telefonnummer dieses Anschlusses haben, vermutet, dass es eh nur wieder eine dieser zeitraubenden Telefonumfragen mit der merkwürdigen Musik im Hintergrund oder eins dieser unverschämten Gewinnspiele vom Band war.
Doch jetzt, wo auch noch unmittelbar im Nachgang mein Handy klingelte, musste es mit ziemlicher Sicherheit jemand Bekanntes sein, der beide Rufnummern kannte.

Aber heute war definitiv mein Tag und ich hatte mir fest vorgenommen, mich von nichts und niemandem stören zu lassen. Wenn es wirklich etwas Wichtiges gewesen wäre würde derjenige bestimmt eine Nachricht auf meiner Mailbox hinter…

„YOU'VE GOT MAIL FOOL!", brüllte die Stimme von Mr. T aus

meinem Arbeitszimmer. Es war mein SMS Signalton.

„Scheiße", maulte ich, mein angebissenes Stück Pizza zurück auf den fettigen Teller klatschend. Scheinbar war es wohl tatsächlich etwas Dringliches.

Ich stapfte ins Arbeitszimmer, wo das Handy auf meinem Schreibtisch lag. Bei dieser Gelegenheit konnte ich zumindest noch den Stecker des Akkuladegerätes, an dem das Handy über Nacht hing, abziehen. Bei dem Versuch das Kabel aufzuwickeln verhedderten sich allerdings immer wieder meine Finger darin.

„Scheiße!", rief ich erneut und warf das unsägliche Knäuel zornig in die Ecke.

Ganz ruhig.

Ich holte tief Luft, nahm mein Handy und blickt darauf. Ein entgangener Anruf und eine Nachricht. Dann wollen wir doch mal schauen… verfluchte Tastensperre… so und… Malte hat angerufen…

„Scheiße", entfuhr es mir ein drittes Mal.

Von mir aus könnt ihr mich jetzt gerne für abergläubisch halten, aber ich bin der festen Überzeugung, dass der Tag unter einem ziemlich schlechten Stern steht, wenn man noch kein einziges vernünftiges Wort gesprochen, sondern nur drei Mal laut „Scheiße" gebrüllt hat.

Och neeee!

Also auf Malte hatte ich heute wirklich so gar keinen Bock. Ich wollte mein Handy eigentlich umgehend ausschalten und weglegen, aber irgendwie interessierte es mich dann doch, warum er angerufen hatte.

Also dann, Mailbox abhören.

„Sie haben eine neue Nachricht."

„Ja, hey Floh".

Ich hasse es, wenn man meinem Namen mit H schreibt. Malte schreibt ihn immer mit H. Beim Bowling, beim Squash, bei Gesellschaftsspielen, in E-Mails, auf Geburtstagskarten. Auch in seinem Handy hatte er mich mit H gespeichert und ich konnte beim Abhören seiner Nachricht auf meiner Mailbox hören, dass er mich beim Aussprechen sogar in Gedanken mit H geschrieben hatte.

„Hier is' Malte. Na, und… alles klar bei dir?"

Wie dämlich war das denn?

Es ist eine Mailbox. Nur eine Mailbox. Ein simpler Anrufbeantworter.

Also ich für meinen Teil finde Menschen, die Maschinen, die nur dazu da sind Nachrichten aufzuzeichnen, eine Frage stellen, zum Brüllen komisch. Ganz apart finde ich diese kurze Pause, die sie immer nach ihrer Frage machen. Als würden sie auf eine Antwort erwarten. Vielleicht hoffen sie ja sogar darauf, dass sie wirklich eine Antwort bekommen. Dann wären sie die ersten Menschen, die intelligentes Leben in einem Anrufbeantworter entdecken.

Also die Bild Zeitung würde das auf der Titelseite bringen - Der antwortende Anrufbeantworter! Bild sprach höchst persönlich mit der Maschine und ihren Angehörigen. Lesen sie, was der Papst dazu sagt.

Nun ja. Oder so ähnlich. Aber selbst wenn, ist es dennoch ziemlich blöde den Anrufbeantworter zu fragen, wie es mir geht.

„… also dann: Mach's mal gut!"

Piep!

Bitte was?

Oha. Vor lauter Gedanken hatte ich gar nicht auf die Nachricht, die Malte mir auf der Mailbox hinterlassen hatte, geachtet.

Na schön, dann musste ich sie halt noch einmal abhören.

„Drücken Sie die vier, wenn sie die Nachricht erneut abhören möchten."

Vier.

„Nachricht gelöscht."

„Scheiße", brüllte ich wieder.

Das war die drei. Ach, auch egal. Wenn es wirklich etwas Wichtiges war, wird Malte sich bestimmt noch mal melden.

Ich schaltete mein Handy aus, da ich jetzt endgültig meine Ruhe haben wollte.

Während ich mich wieder gemütlich auf der Couch niederließ, genüsslich meine Pizza weiter aß und weiter meiner Sendung folgte, überlegte ich mir, dass ich mir heute doch mal den Spaß machen und zählen könnte, wie oft ich an diesem Tag insgesamt noch Scheiße sagen würde.

Wie in dieser einen South Park Folge, in der auch unten links das Zählwerk mitläuft und die in der Sendung ausgesprochenen Flüche addiert.

Ich war sehr gespannt, ob sich bei meinem hundertsten Scheiße auch der Erdboden auftuen und ein alles verschlingender Drache erscheinen würde.

Malte war da
Teil III: Die Geschichte

Malte ist da

„Bitte was?... Häh... Was ist hier denn los?... Ein Feueralarm? Der Eismann?... Was zur Hölle klingelt hier schon wieder?"

Relativ unsanft schreckte ich aus meinen Träumen hoch.

Ich war tatsächlich noch mal tief und fest auf der Couch eingeschlafen. Vollkommen orientierungslos und verwirrt musste ich erst mal zu mir kommen und orten, von woher das invernale Gebimmel, welches mich aus Morpheus Armen riss, nun schon wieder kam.

Schnell wurde mir bewusst, dass es nicht schon wieder das elende Handy sein konnte, denn diese Störquelle hatte ich vorhin ja ausgeschaltet.

Außerdem klingelt es nicht, sondern spielt Brille verloren vom Autobot. Das einzige Lied, das ich mir je auf mein Handy geladen habe.

Ich wurde langsam wach und meine Wahrnehmung wurde klarer. Doch jetzt war es auf einmal wieder ruhig. Hatte ich mir das Klingeln nur eingebildet? Ich lauschte gebannt.

Da!

>Bing Bing Bong<

Aha. Es war die Türklingel.

Inständig hoffte ich, dass es der DHL Lieferant mit meiner heiß ersehnten Amazon Bestellung, der neuen Sinbreed CD und Till Burgwächters Hörbuch Tillicus, Glossicus, Metallicus war, und nicht schon wieder die Zeugen Jehovas oder die Jugendgruppe der Feuerwehr, die für ihren Zeltausflug sammelten.

Als ich mich von der Couch hoch raffte und aufrichtete, rieselte eine Hand voll Gummibärchen von meiner Brust. Ich zupfte an meinem T-Shirt und strich es mit der Hand glatt. Dummerweise stellte ich dabei fest, dass zwei der Bärchen durch meine Körperwärme geschmolzen waren und nun an meinem Shirt klebten. Einzig und allein die Öhrchen und Füßchen standen noch ab. Der Rest der Gelatinekörper der Fruchtbärchen war zu einem rot- und einem grünklebrigen Glibberfleck zerlaufen.

„Scheiße!"

- Aha. Das war die Nummer Fünf. Jetzt noch 95-mal Scheiße sagen und abwarten was passiert -

>Bing Bing Bong<

Ja! Ich komm ja schon.

Im Laufen rieb ich noch ein wenig an den Gummibärchen Flecken, was allerdings nur dazu führte, dass ich diese noch tiefer in die Fasern einrieb.

„Scheiße!"

- Nur noch 94 -

Im Vorbeigehen griff ich mir flux ein Hemd, das aus einem, im Flur stehenden, Wäschekorb heraus lugte und zog es mir, um das unappetitlich Süßigkeiten-Massaker auf meiner Oberbekleidung zu verdecken, über.

Uhhmm! Um Gottes Willen!

Das war die getragene Wäsche, die in die Waschküche sollte und das war das Hemd, dass ich Vorgestern beim Grillen an hatte.

„Scheiße!"

- 93 -

Als ich dann endlich die Haustür erreicht und diese geöffnet hatte, wäre mir beinahe der nächste Fäkalfluch entwichen.

Ich überlegte kurz, ob ich diesen dennoch mitzählen sollte, entschied mich aber doch dafür, nur laut ausgesprochen Flüche zu zählen.

„Hi Floh. Meeeeensch du, ich hab schon tausend Mal geklingelt! Was is' denn mit dir los?"

Verdammte Kacke.

Es war Malte, der vor meiner Tür stand. Hab ich es doch gewusst, dass dieser Tag unter einem schlechten Stern stand.

„Ach, ne?... Malte! Das is ja was. Du hier…"

„Ja, ja ich weiß: und nicht in Hollywood." Feixte Malte, mich nachäffend.

„Du bist 'n Komiker. Willste mich nicht herein bitten?" sagte Es und schob sich, mir auf die Schulter klopfend, an mir vorbei in die Wohnung.

Ich schloss leise stöhnend die Wohnungstür.

Malte war der Mann von Madeleine oder Maddi, wie sie eigentlich von fast allen außer mir genannt wurde. Madeleine war schon seit einer halben Ewigkeit mit Anna befreundet. Sie kannten sich schon seit der Grundschule und ihre Familien wohnten in der Kindheit der beiden eine ganze Zeit lang nebeneinander. Somit verbrachten Anna und Madeleine ihre Kindheit und Jugend miteinander.

Die beiden waren unzertrennlich. Bis zu dem Zeitpunkt, als Madeleine ihre Ausbildung bei der örtlichen Sparkasse begann, denn dort lernte sie Malte kennen, der sie während ihrer Ausbildung am Schalter betreute.

Madeleine war damals 19 und Malte war 28 Jahre alt. Madeleine verliebt sich über beide Ohren in Malte. Das lag zu einem gewissen Teil sicherlich daran, dass er älter war als sie. Allerdings war er auch ein großgewachsener, sportlicher Mann, der viel Wert auf sein Erscheinungsbild legte. Er ging regelmäßig zum Training ins Fitnessstudio und unters Solarium. Auch sein schickes BMW Cabriolet machte einiges her. Auf einer Kerb funkte es dann endgültig zwischen den beiden.

Die erste Zeit lief es auch sehr gut mit den zwei. Anna und ich waren sogar zwei Mal mit den beiden zusammen im Urlaub und ich muss sagen, dass wir eine schöne Zeit zusammen hatten.

Malte ist nicht unbedingt mein allerbester Kumpel, aber er ist okay. Er hat immer Bier da und interessiert sich für Fußball.

Auch die anderen Pärchen in unserer Clique kamen mit Malte und Madeleine gut aus. Egal, ob es unser Karriere-Paar Ulf und Katrin waren. Er arbeitet bei einer renomierten IT Firma, sie ist Stylistin oder unsere „Hippies" Peter und Silke. Er ist noch immer Student, sie die Physiotherapeuten mit Hang zu Feng Shui und Grünem Tee.

Das einzige, was schon immer in regelmäßigen Abständen für Spannungen sorgte, war Madeleines häufige Eifersucht. Doch damit konnten sich anfangs noch alle arrangieren.

Doch vor vier Jahren begann es kompliziert zwischen und mit den beiden zu werden.

Madeleine wurde während der laufenden Ausbildung schwanger. Traditionsbewusst wurde in Windeseile geheiratet. Hochschwanger wurde ein Haus gebaut und noch bevor Madeleine ihre Ausbildung beenden konnte, wurde der gemeinsame Sohn Marvin entbunden.

Madeleine ging nicht mehr arbeiten. Bald verkaufte Malte sein BMW Cabriolet zu Gunsten eines Skoda Kombis und stand eigentlich immer unter Stress, da ihm bewusst wurde, dass er jetzt seine Frau, seinen Sohn und die monatlichen Raten für das Haus finanzieren musste.

Madeleine, die zwar nie gertenschlank, aber durchaus von durchschnittlich schlanker Figur war, lagerte während der Schwangerschaft das ein oder andere Kilogramm zusätzlich ein und behielt nach der Entbindung einen Großteil dieser Pfunde.

Malte fielen im Gegenzug dafür die Haare aus. Seine Muskeln schwanden und er erblasste, da er nicht mehr zweimal die Woche unter das Solarium ging, zu einem normalen, nordeuropäischen Käsekuchenweiß.

Aus diesen Veränderungen im Leben von Madeleine und Malte resultierte ein Sammelsurium an mannigfaltigen Sorgen, und aus den Sorgen wurde schnell ein ventilloser Frust. Dieser bahnte sich zunehmend den Weg in wüste und oftmals endlose Streitereien, die auch gerne von den beiden ohne jegliche Form von Charme, geschweige denn Rücksichtnahme auf ihr Umfeld, in aller Öffentlichkeit ausgetragen wurden.

In der Regel drehte sich hierbei alles um immer wiederkehrend gleiche Themen.

Madeleine beschwerte sich meist darüber, dass Malte zuhause ja keinen einzigen Handschlag mehr machen würde. Die komplette Hausarbeit und gerade, wenn es um das Kind gehen würde, bliebe somit an ihr hängen.

Darüber hinaus war ihre Eifersucht mittlerweile nahezu psychotisch und krankhaft geworden.

Jede Woche stand eine Andere unter dem Verdacht Maltes Geliebte zu sein.

Einmal verdächtigte sie ihn etwas mit einer seiner Azubinen zu haben. Ein anderes Mal stand sogar jemand aus unserem Freundeskreis unter Verdacht. Malte hatte sich von Silke wegen seinen Schulterschmerzen behandeln lassen. Als Madeleine das herausbekam, war sie der festen Überzeugung, dass die beiden Sex hatten und titulierte Silke als Schlampe und Ehebrecherin.

Das führte unweigerlich zu sehr starken Spannungen innerhalb unserer Clique und versetzte der Freundschaft von Silke und Madeleine einen Knacks, von dem sie sich bis heute noch nicht erholt hat.

Malte wiederum empfand es als himmelschreiende Ungerechtigkeit, dass er die ganze Zeit arbeiten müsste, und Madeleine zu Hause keinen Handschlag mehr machen würde. Wenn er dann zu Hause seine Ruhe haben wolle verlange sie auch noch allen Ernstes, dass er ihr zur Hand gehen solle. Dabei müsse sie sich ja nur um das bisschen Haushalt und Marvin kümmern. Außerdem habe sie schon seit einer halben Ewigkeit nicht mehr mit ihm geschlafen.

Nun ja. Einmal hat sie dann wohl doch noch mit ihm geschlafen, denn vor knapp anderthalb Jahren kam Baby Nummer zwei, die kleine Michelle auf die Welt.

Madeleine nahm noch mal 15 Kilo zu und Malte verlor noch mehr Haare.

Ulf, der ein unglaublich treffsicheres Gespür dafür hatte genau das auszusprechen, was sich alle dachten, äußerte mir gegenüber mal einen Verdacht: Er war der Ansicht, dass Madeleine, im Zuge ihrer rasenden Eifersucht und den immensen Verlustängsten gegenüber Malte, ihm vielleicht ganz bewusst das zweite Kind untergejubelt hatte, um Malte noch mehr an sich zu binden.

Das klingt jetzt vielleicht hart, aber für so abwegig halte ich Ulfs Theorie nicht.

„Mensch du, ich hatte dich heute Mittag schon mal versucht zu erreichen. Bist aber nicht ans Telefon. Da hab ich dir ne Nachricht hinterlassen", sagte Malte zielsicher ins Wohnzimmer gehend.

„Ja und du hast die Mailbox gefragt, wie s mir geht", murmelte ich leise vor mich hin.

„Häh? Was hast du gesagt?"

„Ähhm… ja, ja… also, ich meine: Ehrlich? Mensch, so was aber auch. Ich hab heute noch gar nicht auf mein Handy geguckt", versuchte ich mich mehr schlecht als recht aus der Affäre zu mogeln.

Malte nickte und blickte, den nickenden Kopf langsam abwärts senkend, von oben auf die Überreste meines Frühstück-/Mittagsimbiss, die sich über den Couchtisch verteilten.

„Oho, hast es dir gemütlich gemacht und es dir gut gehen lassen", sagte Es und lies sich auf dem Sofa nieder.

„Klar Malte. Mach ruhig", seufzte ich. Entspannt lehnte er sich, die Hände hinter seinem Kopf verschränkend, zurück und fletzte sich auf dem Polstermobiliar lang.

„Sag mal, magst du mir vielleicht etwas zum Trinken anbieten?", fragte er forsch wie immer und ergänzte diese Dreistigkeit in einem Atemzug noch um: „Ein Bierchen wäre toll!"

„Hab kein Bier!", schoss es schnell und emotionslos aus meinem Mund. „Nur Kaffee oder Wasser."

Natürlich hatte ich auch Bier im Haus. Aber ich befürchtete, wenn ich Malte ein Bier anbieten würde, wäre die Gefahr, dass er hier versacken würde viel zu hoch. Denn immerhin sollte dieser Tag meiner werden, und ich hatte jetzt schon die Hälfte verschlafen.

„Dann nehm ich nen Kaffee."

„Nur Milch, kein Zucker war das, oder?", fragte ich gutmütig nach.

„Einen Cappuccino. Ihr habt diesen tollen Kaffeeautomaten. Da schmeckt der Kaffee wie im Cafe. Nur mit dem Unterschied, dass er hier nichts kostet", freute sich Malte.

„Scheiße!"

- Okay. Das war wieder nur gedacht, aber ich zähle es trotzdem. 92 –

„Aber sicher doch Malte."

Mürrisch schlurfte ich in die Küche.

Während ich einen Cappuccino und einen doppelten Espresso zapfte, überlegt ich mir, wie ich Malte am schnellst möglichsten wieder loswerden konnte.

Als ich mit den Kaffee in Händen wieder das Wohnzimmer betrat, erblickte ich Malte, der meine Gummibärchentüte in der Hand hatte und fröhlich kaute.

Ich reichte ihm, innerlich hoffend, dass ihm die Mischung aus Koffein und Gelatine Übelkeit bereiten werde, seinen Kaffee.

Er blickte mich, meine Flüche nicht erahnend, grinsend an.

Mir war schon in diesem Moment bewusst, das ich die nun folgende Frage bereuen würde.

„Und Malte. Was führt dich denn jetzt genau zu mir?"

„Mensch. Und ich dachte schon, du fragst mich gar nicht mehr."

Er setzt sich gerade hin und legte die Gummibärchentüte neben sich auf die Couch.

„Fällt dir was auf?"

Ich musterte ihn kritisch.

„Eh, jetzt schau mich gefälligst mal genauer an."

Er drehte seinen Oberkörper ein wenig hin und her.
Erst jetzt fiel es mir auf.

Seine sonst eigentlich, für ihre gering Anzahl zu langen, ideenlos nach hinten gekämmten Haare, die nur spärlich die Halbglatze verdecken konnten, waren kurz geschnitten und scheinbar aufgehellt. Außerdem trug er ein modernes rosafarbenes hüftlanges Hemd in crushed Optik, stonewashed Jeans mit Bootcut und darunter elegante, modische, braune Slipper.

Malte? Der sonst in der Regel nur gerade Bluejeans der Marke Takko in Kombination mit unifarbenen Polo-Shirts und dieser dubiosen Symbiose aus Sport- und Freizeitschuh oder Trecking-Sandalen trug?

„Mensch Malte. Gut schauste aus. Hätt' dich ja fast nicht erkannt."

Malte lachte.

„Du Komiker. Ja, ich dachte mir, ich muss mal wieder was für mich tun. Ich war auch mal wieder unterm Solarium."

Wow. Ganz ehrlich: Ich war schon ziemlich beeindruckt. Irgendwie hoffte ich, dass dieser neue, strahlende Malte genau die notwendige Initialzündung sei, die Madeleine und Malte brauchten, um ihre Ehe wieder ein wenig ins Lot zu bekommen.
Dieser Hoffnungsschimmer machte mich leichtsinnig, als ich unbedarft fragt: „Gut, gut Malte. Und wie kam es jetzt dazu? Einfach nur so, oder?"

Malte schwieg einen kurzen Moment. Ich wusste, dass ich nicht hätte fragen sollen, als er seinen Blick senkte und sagte: „Ja weißt du… ich habe da jemanden kennen gelernt."

„Wie jetzt? Jemanden kennen gelernt?", harkte ich nach.

Inständig hoffte ich, dass er mir jetzt wieder so eine Geschichte erzählen würde, wie damals, als er auf einer Kerb im betrunkenen Zustand ein Foto mit einem Kerl gemacht hat, der ein wenig so aus sah wie Lukas Podolski. Er hatte dann wochenlang versucht uns auf die Schippe zu nehmen und uns zu erzählen, das sei der echte Podolski.

Aber leider war es dieses Mal keine Geschichte dieser Art, die Malte mir erzählte.

„Na ja, also ich habe eine Frau, also ein Mädchen kennen gelernt."

„Ein, ein Mädchen?", schrie ich schockiert, mir schon furchtbare Dinge in Gedanken ausmalend auf. „Was in Teufelsnamen meinst du mit: Ein Mädchen?"

„Ein Mädchen halt. Eine junge Frau… such's dir aus", entgegnete Malte kleinlaut mit einem mürrischen Unterton.

„Warte", Malte stand auf, griff in seine Hosentasche und holte sein Handy heraus. „Ich hab Bilder von ihr."

Er kam zu mir herüber und hielt das Handy so, dass wir beide auf das Display blicken konnten.

Als erstes zeigte er mir das Portraitfoto einer jungen Frau mit langen roten, leicht gelockten Haaren. Sie hatte Sommersprossen, grüne Augen und einen glitzernden Pircing-Kristall im linken Nasenflügel. Ich schätzte sie vom Alter her auf Anfang zwanzig, was mich ein klein wenig beruhigte.

Malte klickte langsam die Bilder weiter. Die meisten Fotos waren Portraits der jungen Frau, die scheinbar in einem Restaurant oder Hotel geschossen wurden. Dann kamen zwei Bilder, die in einem Schwimmbad gemacht wurde. Beide zeigten die junge Frau, wie sie sich lachend mit einem Handtuch die sich kräuselnden, nassen Haare trocknete. Sie trug einen orange gelben Bikini. Sie war sehr schlank, hatte lange Beine, kleine feste Brüste und auch am ganzen Körper die kleinen Sommersprossen.

Mir wurde ein wenig warm, denn es beschämte mich diese Bilder von ihr zu sehen.

Doch das nächste Bild war endgültig zu viel für mich. Es zeigte die junge Frau nackt mit dem Rücken zur Kamera unter der Dusche stehend. Erst auf den zweiten Blick entdeckte ich noch etwas. Auf der linken Seite konnte man im Spiegel den ebenfalls komplett nackten und sichtlich erregten Malte sehen, wie dieser dreckig grinsend das Foto machte.

„Mensch Malte!", rief ich laut aus, hielt schnell meine Hand über das Display seines Handys und wand mich angewidert ab.

„Das geht jetzt aber definitiv zu weit. Soviel will ich gar nicht wissen."

„Was denn? Wieso? Glaub mir, sie hat echt umwerfende Brüste. Ich kann sie dir zeigen!"

Malte hielt mir begeistert sein Handy entgegen.

„Ne, echt nicht", fuhr ich ihn schroff an. „Und überhaupt: Was heißt hier wieso? Wieso? Das kann ich dir sagen: Weil du verheiratet bist und zwei Kinder mit deiner Frau hast."

Ich machte eine kurze Gedankenpause und ging aufgebracht ein paar Schritte durch den Raum. Malte blieb schweigend stehen.

„Und ich will Maddi… also, ich meine Madeleinen noch in die Augen gucken können."

Ich drehte noch eine Runde. Blieb dann zwei Schritte vom verdutzen Malte entfernt stehen.

„Und Anna! Maddi… ach Scheiße!… – 91 - … Madeleine ist ihre beste Freundin. Kannst du mir sagen, wie soll ich… was ich meine ist, warum überhaupt ich?"

Schnaufend versuchte ich mich ein wenig zu sammeln.

„Woher kennst du sie überhaupt?"

„Na ja, von der Arbeit. Sie ist meine neue Azubine."

„Azubine?", fauchte ich, mein letztes bisschen Selbstbeherrschung verlierend. „Mein Gott Malte. Wie alt ist das Mädchen denn?"

„19", sagt er nur leise.

„19? 19? Kerl, du bist 35!"

„Aber was hat das denn damit zu tun? Wir verstehen uns wunderbar und der Sex ist der Oberhammer."

„Malte!"

„Nein wirklich! Ganz ehrlich, die Kleine macht Sachen, die würde Madeleine nie im Leben machen."

Mir wurde schlecht, als ich daran dachte, was der schmutzige, unbefriedigte, alte Mann Malte wohl alles mit diesem jungen Ding angestellt hatte. Ich winkte ab.

Malte verstummte.

Wir schwiegen beide eine Weile, bis Malte mutig das Schweigen brach.

„Weißt du, sie sieht in mir einen echten Mann und behandelt mich auch wie einen. Das tut Madeleine schon seit Jahren nicht mehr."

Ich versuchte zu schlucken, doch die bittersüße Ehrlichkeit von Maltes Worten und die Erkenntnis, dass er kein unmoralisch, lüsternen Scheusal, sondern nur ein Mensch mit menschlichen Bedürfnissen war, schnürte mir die Kehle zu.

„Sorry Alter", kam es nur zögerlich und heiser aus meinem Mund.

„Das ist doch alles viel mehr, als ich wissen sollte oder wollte. Ich halte es für besser, wenn du jetzt gehst."

Irgendwie enttäuscht wirkend dreht sich Malte von mir weg und ging in Richtung Flur. Ich blieb wie angewurzelt an meiner Stelle stehen und machte keinerlei Anstalten ihn verabschieden zu wollen.

Kurz bevor er das Wohnzimmer verließ blieb er stehen.

„Weißt du, ich liebe meine Familie, aber ich habe erkannt, dass es unterm Strich mein Leben ist, das an erster Stelle stehen muss. Ich erwarte nicht, dass du das verstehst, aber ich musste halt einfach mal mit jemandem darüber reden. Erzähl es aber bitte keinem weiter. Danke. Ciao Floh."

Mit diesen Worten verschwand er und ich hörte einige Sekunden später wie die Haustür ins Schloss fiel.

„Ciao Malte."

Langsam ging ich in die Küche. Obwohl mir immer noch ein wenig schlecht war, stand mir jetzt der Sinn nach einem kühlen Bier.

Ich öffnete den Kühlschrank, nahm mir ein Bier, dessen Kronkorken ich beim Entkorken mit meinem Feuerzeug durch die Küche schoss, setzte es an die Lippen und nahm mehre große Schlücke.

Erst, als ich die Hälfte des Gerstensafts aus der Flasche gezogen hatte, setzte ich sie mit deinem dumpfen Schlag auf der Arbeitsplatte ab. Ich ließ das Bier auf der Ablage stehen, stütze mich mit beiden Händen auf selbiger ab und lehnte mich mit der Stirn gegen einen der Hängeschränke.

„Scheiße!" „Scheiße, Scheiße, Scheiße, Scheiße!"

Ich schlug dreimal heftig, meine Wut entladend, mit der Faust auf die Arbeitsplatte.

– Wie viele „Scheiße" waren das jetzt? Fünf? Sechs? Bin ich bei 84 oder 85? Auch egal. Mir war der Spaß am Zählen vergangen. –

„Warum erzählt er ausgerechnet mir den ganzen Mist?", grübelte ich vor mich hin.

Trotz allen Überlegungen machte sich meine, aufgrund der vorausgehenden Aggressionsentgleisung, schmerzende Hand bemerkbar.

Ich kühlte sie mit der Bierflasche, während ich weiter das zuvor mit Malte durchlebte Revue passieren ließ.

Unverhofft wurden meine zermarternden Gehirnaktivitäten unterbrochen, als ich vernahm, wie die Haustür aufgeschlossen wurde. Anna kam nach Hause. Jetzt war es an mir Maltes Wunsch nach zu kommen und mir nichts anmerken zu lassen.

„Hallo Schatz? Wo steckst du?"

„Ich bin in der Küche", antwortete ich meine Nervosität nach besten Kräften unterdrückend.

Anna kam mit einer Einkauftüte an jeder Hand und einem Korb am rechten Arm in die Küche.

„Hi!", sagte sie schnaufend, als sie ihre Einkäufe neben mir auf die Arbeitsplatte wuchtete. Sie gab mir einen Kuss.

„Na, alles klar?", fragte sie, während sie begann die Einkäufe in die Schränke zu verstauen.

„Joah und bei dir? Wie war euer Treffen?", wechselte ich schnell und so unauffällig wie möglich das Thema.

„Oh man", schüttelte Anna angestrengt schnaufend den Kopf. „Ich hatte gehofft, dass du nicht fragst. Ich soll es eigentlich keinem erzählen. Aber das ist echt zu krass. Das muss ich dir erzählen. Aber wie gesagt: das bleibt auf jeden Fall unter uns!"

Nicht wissend, was sie mir für ein großes Geheimnis anvertrauen wollte nickte ich stumpf. Anna öffnete die Kühlschranktür, die sich jetzt wie eine Trennwand zwischen uns auftat.

Verrückt. Ich hatte irgendwie das Gefühl in einem Beichtstuhl zu sitzen. Allerdings auf der falschen Seite, denn immerhin war ich derjenige, der vom Ehebruch zu berichten hatte. Doch Anna hatte mich mittels der Kühlschranktür zu ihrem Beichtvater gemacht. Also hielt ich denn Mund und nahm ihr, indes sie den Kühlschrank mit Verderblichem befüllte, ihre Beichte ab.

„Maddi hat mich zwar inständig gebeten es keinem weiter zusagen, aber dir kann ich es ja anvertrauen. Mein Gott war ich geschockt. Halt dich fest Schatz: Maddi hat eine Affäre."

Erneut stockte mir der Atem und meine Kehle schnürte sich weiter zu.

„Weißt du, sie hat sich doch vor einer Weile im Fitnessstudio angemeldet, um endlich mal ein paar Kilos abzunehmen. Ist ja auch prinzipiell eine prima Sache und es freut mich ja auch ungemein, dass sie auch mal wieder etwas für sich tut. Doch da gibt es diesen einen Trainer. Is' son ganz junger Kerl. Gerade mal Anfang zwanzig, soweit ich weiß. Der ist im Studio auch bekannt dafür, dass er eine Vorliebe für Ältere hat. Darum hat er auch ihren Trainingsplan gemacht, war immer da, wenn sie trainieren kam und hat auch immer schön Süßholz geraspelt. Irgendwann hat er sie dann gefragt, ob er sie zum Essen einladen darf. Dabei weiß der Drecksack ganz genau, dass sie verheiratet ist. Aber wie sagst du immer so schön: Es gehören halt immer zwei zum Tango. Auf jeden Fall ist sie auf seine Einladung eingegangen. Die zwei waren zusammen essen. Total romantisch mit Kerzen und Rosen und dem ganzen Kram. Tja, und dann ist die dumme Pute tatsächlich noch mit zu ihm nach Hause. Dort kam es dann wie es kommen musste und die beiden hatten Sex."

Bei dem Wort Sex sah ich vor meinem geistigen Auge wieder das hübsche rothaarige Mädchen und den erregten, dreckig grinsenden Malte. Ich verfluchte innerlich den Menschen, der Fotohandys erfunden hatte.

„Und was sagst du nun? Ich hab Maddi gesagt, dass ich das schon ziemlich herb finde. Ich meine, gerade sie, die vor Eifersucht fast platzt und ihren Mann seit Jahren verdächtigt eine Geliebte zu haben, erlaubt sich auf einmal einen Seitensprung. Der arme Malte tut mir nur so schrecklich leid. Immer war er für Maddi der Übeltäter, der sich angeblich durch die Weltgeschichte vögelt. Weißt du noch, wie er etwas mit Silke gehabt haben sollte. Nur weil sie ihn eingerenkt hat. Da hätte ich Maddi echt lynchen können für das Theater, das sie veranstaltet hat. Oder wie sie der festen Überzeugung war, dass er was mit einer seiner Azubinen hätte."

„Okay, jetzt muss ich kotzen!", schoss es bei Annas letztem Satz durch meinen Kopf.

Anna schloss die Kühlschranktür und blickte mich an. Ich muss wirklich furchtbar ausgesehen haben, denn Sorge und Entsetzen zeichneten sich auf ihrem Gesicht ab.

„Schatz, was ist den mit dir los? Geht es dir nicht gut?"

Meinen Mageninhalt runterwürgend antwortete ich: „Malte war da."

Die missglückte Entführung

Schon fast die halbe Nacht lang standen sich die zwei Aliens Marvin und Andy an einer, schon bei Tag nur äußerst wenig befahrenen Landstraße die Beine in den Bauch.

Marvin war bester Dinge. Fröhlich pfeifend stand er am Straßenrad auf einen Begrenzungspfosten gestützt und blickte suchend in die Nacht.

Andy hingegen lief angespannt kurze Wege hin und her und verlor langsam aber sicher die Geduld.

„Okay", maulte er grantig, „Bist du nun zufrieden? Wir haben jetzt lange genug versucht, deine Methode anzuwenden. Ohne jeglichen Erfolg. Dann lass es uns jetzt einfach wieder auf die altbewährte Weise machen!"

„Nur mit der Ruhe. Geduld. Geduld", entgegnete Marvin, immer noch vollkommen entspannt an der Fahrbahnabgrenzung lehnend.

„Nein!", Andy stampfte zornig auf. „Ich habe keine Geduld mehr. Denkst du überhaupt noch an unsere Mission? Mir scheint es zunehmend so, als hättest du vergessen, warum wir überhaupt hier sind."

Marvin lachte kurz und aufgesetzt.

„Mit Nichten. Ich bin mir der uns aufgetragenen Aufgabe voll und ganz bewusst. Ich bitte dich nur, meinen Ideen mit etwas mehr Offenheit und Geduld entgegenzutreten. Löss dich von deinen starren, eingefahren Vorstellungen und vertrau mir: meine Theorie wird schon bald von Erfolg gekrönt sein."

„Beim großen Boorg'lôqu[1]", entfuhr es Andy stoßgebetartig.

„Dieses bescheuerte Erdenfernsehen schadet dir. Seit du diesen Uri Geller gesehen hast, hast du echt einen Sprung in deinem

---

[1]*Boorglôqu (Borkluk) - Alien-Sprache und der Name ihres spirituellen Führers; ähnlich dem menschlichen Ausruf „Oh mein Gott!"*

Tyfc'lqu². Was soll diese aufgesetzte, geschwollene Ausdrucksweise? Wir haben eine Mission und eine Quote, die wir erfüllen müssen."

Andy war so außer sich, dass er erst mal tief Luft holen musste.

„Also ich hab wirklich keine Lust dem Groß-Twûnqu³ zu erklären warum wir…"

„Psst, schweig und sieh lieber dort drüben!"

Marvin deutete mit seinen langen, grauen Fingern auf eine, sich aus der Dunkelheit auf sie zu bewegende Lichtquelle.

„Ha ha", triumphierte Marvin. „Jetzt pass gut auf. Das wird die Gelegenheit, dir die Überlegenheit meiner Methodik zu demonstrieren."

Mit bedachten leisen Schritten pirschte sich Marvin sehr umsichtig an die sich nähernden Lichtquelle heran, die allmählich immer deutlicher die Gestalt des von Menschenhand durch die Nacht geführten Scheins einer Taschenlampe annahm.

Mürrisch trottet Andy „Shnæf'wynqu"⁴ murmelnd hinter Marvin her.

„Hallo mein Freund. Bitte erschrick nicht. Es gibt keine Grund sich zu fürchten!", sagte Marvin in einem ruhigen sehr zuvorkommenden Ton und richtete diese sanften Worte der Begrüßung an denjenigen, der die Taschenlampe durch die finstere Nacht führte.

---

²*Tyfc'lqu (Tüfkel) – Alien-Sprache für Kopf; hier allerdings umgangssprachlich, ähnlich dem menschlichen Rübe oder Birne*

³*Groß-Twûnqu (Großtünk) – Ein Twûnqu ist eine Führungsalien, das über intergalaktische Einsätze und Missionen entscheidet; ähnlich unserem Außenminister; Groß-Twûnqu ist eine Vermenschlichung des Begriffes Twûnqu und soll diesem mehr Nachdruck verleihen, ist so im Wortschatz der Aliens aber eigentlich nicht vorhanden.*

⁴*Shnæf'wynqu (Schnarfwink) – Ebenfalls ein eher umgangssprachlicher Ausdruck der Alien-Sprache. Leider ist der allwissende Erzähler dieser Geschichte doch nicht so allwissend, wie er immer gerne tut. Daher ist ihm die genaue Bedeutung von Shnæf'wynqu nicht bekannt. Er ist sich allerdings ziemlich sicher, dass es sich um etwas Unflätiges handelt.*

„Auch Hallo", antwortete dieser kurz, das Licht der Taschenlampe auf Marvin richtend.

Es war der Pfadfinder- Gruppenführer Tino Holunder, der schon mal im Vorfeld bei Nacht die Begehbarkeit seiner ausgewählten Route für die nächstes Wochenende anstehende Nachtwanderung seiner Knirpse erproben wollte.
„Bitte verzeih die Störung", fuhr Marvin fort. „Unser für dich ungewohntes Erscheinungsbild mag dich vielleicht ängstigen, aber..."

„Nö", unterbrach Tino Marvins geschwollenen Vortrag unbeeindruckt. „Ihr seid Aliens. Sieht man doch."

„Erschreckend", schüttelte Andy enttäuscht den Kopf. „Dieses scheiß Internet mit seinem Youtube und Rotten.com macht die Menschen so abgebrüht. Wer schon mal eine Massenenthauptung gesehen hat, macht sich beim Anblick von zwei Aliens auch nicht mehr in die Buchse."

„Massenenthauptungen habe ich noch keine gesehen," antwortete Tino immer noch ziemlich unberührt und emotionslos.

„Aber ich hab ein Video von einem Bungeespringer, bei dem das Seil zu lang war auf meinem Handy. Wollt ihr mal sehen?"

„Nein, nein. Besten Dank."

Lehnte Marvin angewidert, aber dankbar ab.

Andy hätte das Video zwar gerne mal gesehen, behielt dies aber lieber für sich.

Der Pfadfinder Tino zuckte gelangweilt und gewohnt emotionslos mit den Schultern.

„Nein, das ist nett gemeint, aber wir sind nicht zu unserem Vergnügen auf euren Planeten gekommen", erklärte Marvin.
„Wir haben eine bedeutende und für das Weiterbestehen unsere Zivilisation unglaublich wichtige Mission. Wir wurden ausgesandt, um den auserwählten Heilbringer zu suchen. Dieser soll unsere Welt in ein goldenes Zeitalter führen und uns die Weisheiten und Philosophien seiner Welt lehren. Und hier auf diesem

fremden Planeten Erde haben wir ihn endlich gefunden."

Marvin strahlte und blickte Tino erwartungsvoll an.

Dieser blickte allerdings wieder nur emotionslos und blöd dreinschauend.

Andy schüttelte peinlich berührt den Kopf.

„Ja, also, ich will damit sagen, dass er dazu auserkoren wurde, der neue Regent unseres Planeten zu werden. Er reist also mit uns in unserem Raumschiff durch das Universum zu unsrem Heimatplaneten, wo er ein Leben als König führen wird!", versuchte Marvin noch eine Schippe drauf zu legen.

„Ja und wer soll das jetzt sein?", fragte Tino fast schon interessiert wirkend.

„Na du!", sagt Marvin fassungslos.

„Sorry", kam wider nur kurz und unbeirrt von Tino,

„Passt grad überhaupt nicht. Ich hab für morgen Karten für Muff Potter."

„Bitte was?"
„Ja man, die hören auf und das ist morgen denen ihr letztes Konzert hier in der Gegend. Außerdem treffe ich mich da mit Nicki. Wisst ihr, die ist son bisschen Emo und Muff Potter berühren sie immer tierisch. Daher bin ich mir ziemlich sicher, dass ich sie nach dem Konzert in die Kiste kriege."

„Aber, aber", hastete Marvin sichtlich aus dem Konzept gebracht.

„Aber wir bieten dir die Möglichkeit diesen tristen, zukunftslosen Planeten und dein schlichtes Leben hinter dir zu lassen und auf unserem Planeten ein gottgleiches Leben zu führen. Und interessieren dich den gar nicht das Universum und die fernen, fremden Welten, die wir dir zeigen können?"

„Eigentlich nicht", kam wieder vollkommen unbeeindruckt von Tino. „Ich stand noch nie so wirklich auf Science-Fiction."

Vollkommen durcheinander stand Marvin Tino gegenüber und wusste nicht, was er noch hätte sagen sollen. um ihn zu beeindrucken.

„Okay Jungs", sagte Tino und klopfte Marvin auf die Schulter,

„Ich muss jetzt aber echt mal weiter. War saucool mal Aliens zu sehen. Also dann: Haltet die Woscht hoch!"

Während er in der Dunkelheit der Nacht verschwand amüsierte er sich.

„Vorausgesetzt das ihr ne Woscht habt."

Marvin und Andy blieben alleine zurück.

„Na das war ja unglaublich erfolgreich," raunzte Andy Marvin an.

„Jetzt haben wir ja endlich mal sehen können, was deine großartige Methodik in Wirklichkeit ist: Müll. Schlicht und ergreifend einfach nur Müll."

Marvin blickte einfach nur schweigend in die Nacht.

„Dabei ist es doch eine ganz simple Angelegenheit: Unserem Planeten gehen in Kürze die Energiequellen aus und Menschen haben einen unglaublich hohen Brennwert. Daher sollen wir einfach nur so viele Menschen wie möglich einsammeln. Einsammeln! Hörst du Marvin? Unser Auftrag lautet sie einzusammeln. Egal wie. Es ist nicht nötig, sie höflich zu überreden oder ihnen irgendwelche netten Geschichtchen zu erzählen, damit sie freiwillig mitkommen."

Immer noch unbeirrt von Andys Tadel in die Nacht blickend lächelte Marvin plötzlich.

„Weißt du Andy, es war mir gar nicht richtig bewusst, aber wir sind mittlerweile schon so lange auf diesem Planeten, dass ich zu einem Anthroposophen geworden bin."

„Na super!", Andy klatschte in die Hände. „Jetzt ist er endgültig total bescheuert geworden."

„Mag vielleicht sein, aber irgendwie haben es mir die Menschen und ihre eigentümliche Art angetan. Ja, ich beneide sie fast schon für ihre einfältige Gleichgültigkeit. Unsere Art macht sich viel zu viele Gedanken um unseren Planeten und den Weiterbestand unserer Spezies. Sieh dir einfach mal die Menschen an: Sie sind mit der Zerstörung und der Ausbeutung ihres Planeten schon zehnmal weiter als wir. Die haben schon unzählige Arten einfach ausgerottet und ganze Landstriche verseucht und unbewohnbar gemacht. Und trotzdem leben sie einfach weiter unbekümmert in den Tag hinein, freuen sich auf Muff Potter und aufs Ficken. Das geht uns echt ab."

„Shnæf'wynqu", antwortete Andy.

Nackter Holunder

(Eine florale Krimigeschichte)

Es war einer dieser ersten lauen Sonnentage im Februar.

Eigentlich war es noch nicht Frühling, aber es kam mir dennoch so vor. Ich hatte mich in meinen Mantel gehüllt und spazierte einfach ein wenig in der Sonne badend durch den Park.

Nach einer Weile ließ ich mich gemütlich auf einer Parkbank nieder und genoss es, wie die ersten, warmen Sonnenstrahlen des Jahres mich wärmten und mein Gesicht umschmeichelten.

Wenigstens eine gute Sache, die der Klimawandel mit sich brachte.

Ich lehnte mich entspannt zurück, schloss die Augen und träumte einfach ein wenig vor mich hin.

Vollkommen unerwartet fühlte ich plötzlich, wie mir jemand auf die rechte Schulter tippte und ich hörte jemanden oder etwas leise zischen.

„Psst... He... He sie da!"

Verdutzt öffnete ich meine Augen und blickte mich suchend um.

„Hier unten", zischte die Stimme wieder leise.

Als ich mich umdrehte erblickte ich einen hinter der Parkbank kauernden und zitternden Holunderbusch.

„Oh, hallo", sagte ich überrascht.

„Bitte, bitte, sie müssen mir unbedingt helfen!", flehte der Holunderbusch mit zittriger Stimme. „Ich wurde ausgeraubt."

„Wie bitte?", fragte ich irritiert.

„Ja wirklich. Als ich heute Morgen aufwachte waren meine gesamten Blätter und Früchte verschwunden."

„Ach Blödsinn", lachte ich. „Sie sind ein Laubgewächs und es ist erst Februar. Da ist es ganz normal, dass sie keine Blätter haben."

„Februar?", fragte der Holunderbusch.

Ich nickte.

„Aber die Sonne scheint doch wie im Frühling?"

Ich zuckte mit den Schultern. „Das liegt am Klimawandel."

„Aber ich bin splitterfasernackt. Man kann meine Äste sehen," schluchzte der Holunderbusch.

„Oh mein Gott, ich schäme mich ja so sehr."

Er fing an jämmerlich zu weinen.

„Bitte mein Herr, können sie mir nicht ihren Mantel geben, damit ich nicht nackt sein muss?"

„Warum muss es denn ausgerechnet mein Mantel sein?", fragte ich schroff.

„Ach, ich habe schon ganz viele Passanten im Vorbeigehen angesprochen, ob sie mir nicht helfen können", schniefte der Holunderbusch.

„Aber sie sind alle einfach weitergegangen, ohne mich zu beachten. Sie waren als einziger nett genug, mein Wehklagen zu erhören."

„Hhhmm… na gut!", schnaufte ich.

Immerhin war es heute sehr warm und ich hatte auch keinen weiten Weg nach Hause. Daher zog ich meinen Mantel aus und reichte ihn dem Holunderbusch.

Mit einem schnellen, gierigen Griff schnappte er sich meinen Mantel und zog ihn in Windeseile über.

Just in diesem Moment kam eine ältere Dame in einem schweren, edlen Pelzmantel, die ihren Cocker Spaniel Gassi führte, den Weg entlang. Als sie mich auf der Parkbank sitzend erblickte, fing sie fürchterlich an zu schreien.

„Ach Herrje, ein vollkommen nackter, nur mit Hemd und Hose bekleideter Mann. Hilfe! Hilfe! Polizei! Ein Sittenstrolch!"
Ich wollte die alte Dame gerade beruhigen, als auch schon zwei Waschbären mit Blaulichtern auf ihren Köpfen heran gestürmt kamen.

„Nur keine Angst gute Frau", rief der eine. „Wir werden uns schon um den Kollegen kümmern. Harry, schnapp dir den Missetäter!"

„Geht klar Toto", antwortete der andere, der mit schnellen Schritten zielstrebig auf mich zukam. „So Freundchen. Jetzt erst mal ganz ruhig. Mach ja keine Faxen!"

„Moment mal", rief ich. „Ihr seid doch nicht Toto und Harry. Ihr seht eher aus wie Banditen."

„Vorsicht Freundchen! Vorsicht!", raunte Toto, der nach besten Kräften versuchte die alte Dame zu beruhigen.

„Aber ich kenne euch doch aus dem Fernsehen, und da seht ihr ganz anders aus."

„Im Fernsehen sieht jeder anders aus", schnauzte Harry mich an.

„Toto, wie geht es der Dame?", erkundigte er sich bei seinem Kollegen, mich immer noch in Schach haltend.

„Ist nicht ansprechbar und reagiert auch nicht auf äußere Reize. Sie scheint unter Schock zu stehen", antwortete Toto vor dem versteinerten Gesicht der alten Dame gestikulierend.

„Ja aber", kam es neugierig aus meinem Mund. „Wenn ihr wirklich Toto und Harry seid, wo sind dann bitteschön die Kameras?"

„Pah", lachte Harry. „Wo die Kameras sind, will er wissen. Sind wir hier bei RTL 2 oder was? Wir haben die neuste Technik. Pass auf: Siehst du den Briefkasten dahinten?"

Ich nickte.

„Is' kein Briefkaste. Is' ne Kamera", fuhr Harry fort. „Siehst du die Ente da drüben?"

Ich nickte wieder.

„Is' keine Ente. Is' ne Kamera. Siehst du dort den Busch?"

„Ja, ich hab's kapiert", fiel ich Harry ins Wort. „Is' kein Busch. Is' ne Kamera."

„Schwachsinn!", blökte Toto. „Hinter dem Busch sitzt der Aufnahmeleiter. Ein Busch als Kamera? So was Dämliches hab ich ja noch nie gehört."

Beide lachten.

„Ja, ja. Ist echt saukomisch." Murrte ich.

Toto und Harry wurden wieder ernst.

„Jetzt hör mal zu Spaßvogel", fuhr mich Harry schroff an. „Wir sind nicht hier um deine Fragen zu beantworten. Erklär du uns lieber Mal, warum du hier splitterfasernackt nur mit Hemd und Hose bekleidet auf der Parkbank sitzt und wehrlose Dame erschreckst?"

Ich schüttelte nicht wissend den Kopf.

„Harry", warf Toto jetzt ein. „Du, ich glaub der Junge ist irgendwie ein bisschen blöd."

Harry nickte.

„Mensch Junge, was wir von dir wissen wollen ist, warum du hier nackt nur mit Hemd und Hose bekleidet in einem Park sitzt, in dem ausdrücklich Mantelpflicht gilt. Das ist hier nämlich eine anständige Gegend. So kannst du vielleicht im Urlaub am Ballermann rumhüpfen, aber sicher nicht in unserem Revier."

Ich atmete erleichtert aus.

„Ach so. Also darum geht es hier. Wo ich meinen Mantel gelassen habe wollt ihr wissen. Ganz einfach: Den hab ich diesem Holunderbusch hier gegeben."

Ich drehte mich um und blickte hinter die Parkbank. Doch von dem Holunderbusch und meinem Mantel fehlte jegliche Spur.

„Ja aber", stotterte ich. „Gerade eben war er doch noch hier."

Harry kam jetzt zu mir herüber und legte mir verständnisvoll die Pfote auf die Schulter.

„He Kumpel. Komm schon. Sag mal ganz ehrlich: Was hast du dir heute schon alles rein gepfiffen?"

„Gar nichts", antwortete ich bestürzt, als ich spürte, wie sich kaltes Metall um meine Handgelenke schloss und ich zwei kurz aufeinander folgende mechanische Klickgeräusche hörte.

Harry hatte mir Handschellen angelegt.

„Okay. Dann würde ich mal vorschlagen, dass du am Besten jetzt einfach mal ganz friedlich mit auf die Wache kommst. Dort machen wir dann einen kleinen Bluttest und dann seh'n wir weiter."

Ich verspürte einen kurzen Anflug mich wehren zu wollen. Doch dann dachte ich mir, dass das die Situation bestimmt nur noch schlimmer machen würde.

Nachdem mir eine Blutprobe, die definitiv ergab, dass ich keinerlei Drogen genommen hatte, entnommen wurde, zogen sie tatsächlich noch eine Psychiater zu Rate, der begutachten sollte, ob ich irgendeine sonstige psychische Störung hätte.

Letztendlich konnte die Angelegenheit dann glücklicherweise mit Hilfe des für die Fernsehserie Toto & Harry aufgezeichneten Videomaterials, doch noch aufgeklärt werden.

Auf den Bändern konnte man ohne jeden Zweifel die eindeutige Übergabe meines Mantels an den Holunderbusch erkennen.

Auch sah man, wie dieser, als ich durch das Geschrei der alten Dame abgelenkt war, die Gunst der Stunde nutzend in einem Affenzahn das Weite suchte, so dass er beim Eintreffen von Toto und Harry am Tatort schon über alle Berge war.

Ganz ehrlich, ich hätte nie im Leben gedacht, dass Holunderbüsche so verschlagen sind und so schnell laufen können.

Man sagte mir, dass der vermeintlich hilfebedürftige Holunderbusch ein stadtbekannter Trickbetrüger sei, nach dem schon lange gefahndet würde.

Ich wurde verwarnt, musste allerdings ein Bußgeld in Höhe von 35 Euro zu Gunsten der Staatskasse entrichten.

Sie sagten mir, dass ich durch die Übergabe meines Mantels an den Holunderbusch die am Eingang des Parks angebrachte und eindeutig auf die Mantelpflicht hinweisende Warntafel grob fahrlässig ignoriert hätte.

Toto und Harry haben mir noch Autogrammkarten gegeben.

Das aufgezeichnete Material wurde leider nie ausgestrahlt. Zu wenig Aktion hieß es. Außerdem diene die Sendung nicht dazu Fehler der Polizeiarbeit, sondern viel mehr den mündigen Bürger als Missetäter und Unhold dazustellen.

Schade eigentlich. Ich hätte gerne gewusst, ob ich im Fernsehen auch anders aussehe.

Eine Sache habe ich allerdings daraus gelernt: Wenn mich das nächste Mal ein nackter Holunderbusch anspricht werde ich es genauso wie alle anderen machen und einfach weitergehen.

Abends im Puff

"Flatsch, flatsch!"

Chantal war das feuchte klatschende Geräusch, das sie beim Betreten des Bordells Parlet d'amour vernahm, durchaus bekannt.

Es war Hiltrud. Sie war gerade dabei feucht durch zu wischen.

Chantal betrat den Barbereich des Bordells.

Als die Tür hinter ihr mit einem dumpfen >Rums!< ins Schloss fiel, blickte Hiltrud auf.

„Hach Gott, Mädscher! Erschrick misch doch net so! Schleichst dich hier so rinn".

Hiltrud drehte sich um und blickte auf die Uhr hinter dem Tresen.

„Bist aber späd!" fuhr sie nach einer kurzen Gedankenpause fort.

„Ja, ja ich weiß", sagte Chantal, als sie ihren Mantel auszog und in ihrer Handtasche nach Zigaretten suchte.

„Ich hatte noch einen Termin mit meinem Versicherungsberater", ergänzte sie ihren Satz, eine Zigarette zwischen den Lippen, in ihrer Handtasche nach Feuer kramend.
„Is' Enrico schon da?"

„Ne, ne!", hastete Hiltrud, sich auf ihren Schrubber stützend.

„De Chef is' heud außer Haus. Mer sann alleen. Aber's Michelle und's Carmen sinn ach schon da."

„Gott sei Dank!", seufzte Chantal.

„Das is' ja wenigstens schon mal was. Sonst hätt' er sich bestimmt wieder aufgeregt."

Hiltrud grinste, als sie ihren Schrubber wieder in den Eimer tunkte und den Feudel mit einem weiteren >Flatsch< zurück auf die Fliesen beförderte.

Chantal war die vergebliche Suche nach einem Feuerzeug in Ihrer Handtasche leid. Sie ging hinüber zum Bartresen und wollte sich gerade über selbigen lehnen, um dort ihre Suche fortzusetzen, als Heinz die Kellertreppe vom Lager herauf gepoltert kam.

Mit seinem immer gleichen Gesichtsausdruck blickend fragte er: „Kann isch dir irgendwat helfen?"

„Och Heinzi, sei doch bitte so lieb und gib mir mal Feuer. Ich such mir hier sonst noch'n Wolf."

Heinz war der Barmann und die gute Seele des Bordells.

Er war zwar nicht unbedingt der Hellste, aber er hielt immer strickt Ordnung und kannte sich hinter seinem Tresen perfekt aus. Mit einem gewussten Griff in eine Schublade holte Heinz eine Hand voll Streichholzschachteln hervor. Eine gab er Chantal, die anderen füllte er in ein Glas und stelle es auf den Tresen.

Dankbar nahm Chantal die Streichholzschachtel an, warf Heinz einen Handkuss zu und zündete ihre, am Filter mittlerweile feucht und weich gekaute, Zigarette an.

Erleichtert den Rauch ausatmend lehnte sie sich zurück und stütze sich mit einem Ellenbogen auf dem Tresen ab.

Heinz hatte sich in der Zwischenzeit ein Handtuch gegriffen und mit seiner Lieblings-Tätigkeit begonnen: Gläser polieren. Chantal hatte ihn mal gefragt, warum er denn immer, wenn er nicht gerade Getränke ausschenkte, Gläser polierte. Heinz hatte geantwortet, dass er das mache, weil es so lässig wirken würde. Er hätte das schon in einigen Filmen gesehen. In James Bond oder in Casablanca. Ein guter Barmann würde immer die Gläser polieren.

Die letzten Jahre lief das Geschäft nicht mehr so gut.

Enrico meinte, dass die Kundschaft jetzt mehr auf exotische und vor allem auf deutlich jüngere Frauen stehen würde. Vor fünf Jahren waren sie noch acht Mädchen, die hier arbeiteten, jetzt waren sie nur noch zu dritt.

Aber auch wenn wenig los war: Heinz hatte immer was zu tun! Und wenn es nur Gläser polieren war.

"Sach mal Kleines", warf Hiltrud auf einmal in die Runde, als sie eine kurze Pause beim Schrubben einlegte. „Was wollt eigentlich der Kerl von der Versicherung bei dich?"

"Ach", schnaufte Chantal den Kopf schüttelnd, „der hat mir was über Krankenversicherung und Vorsorge und so erzählt."

Sie zog an ihrer Zigarette und blickte sich nach einem Aschenbecher suchend um.

Heinz unterbrach seinen Poliervorgang, stellte das Glas zurück ins Regal, warf das Handtuch über die Schulter, verschwand wieder für einige Sekunden mit den Händen unter dem Tresen und brachte drei Metallaschenbecher hervor, die er in regelmäßigen Abständen auf dem Tresen verteilte.

Einen stellte er direkt zu Chantal. Sie zwinkerte ihm keck zu.

Während Heinz nur kurz nickte, ein neues Glas aus dem Regal nahm und mit dem Polieren fort fuhr, erzählte Chantal weiter.

„Weißt du, ich war mir gar nicht sicher, ob ich mich mit dem überhaupt treffen sollte. Der hat mich irgendwann mal morgens angerufen, weil ich bei denen auch die Versicherung für meinen Hund habe. Tja, und da hat er mich dann irgendwie auf nen Termin festgenagelt."

„Ja, ja", schüttelte Hiltrud bestätigend den Kopf. „Des is' schlimm mit dene Kerle. Bei uns klingelt auch als des Telefon wegen dere Gewinnspiele, wo de nur des bescheuerde Band dran host!" Chantal drückte ihre Zigarette aus.

„Hhmm ja, allerdings muss ich sagen: Das war eigentlich sehr interessant, was der mir erzählt hat."

Hiltrud blickte skeptisch.

„Jetzt guck nich' so!" feigste Chantal. „Ich weiß, dass das komisch klingt, aber wusstest du, was die Krankenkasse mittlerweile alles nicht mehr bezahlt? Also, ich war ja echt entsetzt. Ich meine, zum Glück muss ich nicht so oft zum Arzt, aber allein die zehn Euro jedes Quartal beim Frauenarzt für die Untersuchung und die Pille ärgern mich schon. Und wenn du mal was an den Zähnen hast kannst du davon ausgehen, dass du das eh alles selber zahlen kannst!"

„Jahaha! Oder Medikamente!" zeterte Hiltrud. „Als es Carmen da des mid Unerum gehabt hod", sie fuchtelte mit ihrer linken Hand in Schritthöhe vor ihrem Kittel hin und her, während sie sich mit der Rechten auf ihren Schrubber stützte. „Da hot's auch alles selbst zahle müsse!"

„Richtig", pflichtete Chantal ihr bei. „Tja, und wer weiß? Vielleicht sollte man doch irgendwie da was abschließen."

Sie schwieg kurz.

„Oder Krankenhaus."

Hiltrud blickte wartend.

Auch Heinz hielt kurz inne beim Polieren seiner Gläser. „Wenn du Pech hast landest du da mit fünf, sechs Leuten auf einem Zimmer. Mir nur einer Toilette!"

„Baaah!" schüttelte Hiltrud sich angewidert. „Des is' ja schon eglisch!"

Chantal nickte bestätigend.

Alle drei schwiegen eine Weile.

Heinz polierte ein Glas.

Chantal und Hiltrud blickten einfach so vor sich hin.

Chantal holte noch eine Zigarette aus ihrer Handtasche und zündete sie an.

Hiltrud wollte gerade ihren Putzeimer anheben, um ihn entleeren zu gehen, als Chantal ihr Vorhaben mit einer Frage unterbrach.

„Habt ihr eigentlich schon geriestert?"

Hiltrud überlegte.

„Geriestert? Ne... ich glaub net."

Jetzt schaltete sich auch Heinz ins Gespräch ein.

„Den Heesters hab ich ‚74 mal live gesehn! Ne, dat war aber nisch Die lustige Witwe. Wat war dat noch Mal?"

„Ne Heinzi, nicht Heesters", unterbrach Chantal Heinz Grübeln. „Riester. Riester Rente. Die wurde nach dem ehmaligen Bundesminister Walter Riester benannt!"

Hiltrud guckte mit großen Augen: „Mensch, was du alles weißt."

„Ja", schmunzelte Chantal. „Das hat mir der von der Versicherung erzählt. Ich wusste das ja auch alles nicht!"

Heinz konzentrierte sich derweil schon wieder auf das Polieren der Gläser.

„Da gibt's jedes Jahr Kohle vom Staat für die Altersvorsorge. 154 Euro!"

Hiltrud wusste nicht so recht, was sie davon halten sollte.

„Und für dich", sagte Chantal zu Hiltrud. „Lohnt es sich richtig. Du hast doch Kinder?"

„Ja zwo", entgegnete Hiltrud zögernd. „Es Kevin und es Jessica."

„Na das ist doch spitze", jubelte Chantal. „Dann kriegst du pro Kind noch mal 138 Euro dazu."

„138 Euro?" fragte Hiltrud.

„138 Euro", antwortete Chantal und betonte erneut: „Pro Kind!"

„Pro Kind", wiederholte Hiltrud.

Als sie Chantal grade nach dem Harken bei der Sache fragen wollte blieb ihr Blick auf der Wanduhr hinterm Tresen hängen.

„Menschenskinner!" schrie sie auf. „Jetzt muss ich mich aber sputen. Ich muss noch beim Supermarkt. Mein Klaus kommt gleich von ner Schicht. Da brauch der was zu essen."

Sie wollte sich gerade ihren Schrubber und Eimer nehmen, als Chantal meinte: „Lass einfach grad stehen. Ich räum's für dich weg."

Hiltrud lächelte.

Zuhause angekommen stellte sie ihre Einkäufe in der Küche ab und ging umgehend zu ihrem Mann ins Wohnzimmer.

Klaus saß in Jogginghose und Hauspuschen vor dem Fernseher, trank sein Feierabend Bier und guckte Alarm für Cobra 11.

Sein Bittburger Stubbi erhebend begrüßte er sie mit den Worten: „Moin Mudder!"

Hiltrud gab ihm einen Kuss auf die Halbglatze. Sie setzte sich auf den Hocker neben seinem Sessel, blickte ihn an und fragte: „Sach ma Vadder. Ham mer eigentlich schon geriestert?"

Der Anruf

(Ein Gedankenaustausch zur Bundestagswahl)

„Hier ich, wer da?"

„Hallo? Flo? Bist du da dran?"

„Oui, oui mon General."

„Oh Mann. Warum kannst du dich eigentlich nicht mal halbwegs vernünftig, wie jeder andere einfach mit deinem Namen am Telefon melden?"

„Die Frage hast du dir grade selber beantwortet: Weil es alle so machen. Und? Was gibt's? Du rufst doch nicht an, um mich zu maßregeln, weil ich mich so einfallsreich am Telefon melde."

„Dämlich."

„Bitte was?"

„Ich sagte: Dämlich. Nicht einfallsreich."

„Tut, tut, tut, tut."

„Hör auf damit du Quatschkopf. Immer diese Kindereien."

„Man, hast du 'ne Laune? Haben sich Monrose aufgelöst, oder warum bist du so mies drauf?"
„Ha, ha. Sehr witzig. Nein, ich saß grad am PC um eine Artikel zu schreiben. Tja, und um mich vor der Arbeit zu drücken, hab' ich mal so 'nen blöden Wahl-o-mat gemacht."

„Oha. Und?"

„Die meisten Übereinstimmungen mit der Tierschutz- und der Marxistisch-Leninistischen-Partei."

„Ha, ha. Das is' ja geil. Du bist ein kommunistischer Öko! Ich lach mich schlapp."

„Na, das freut mich aber, dass zumindest dich das erheitert, aber ich finde das gar nicht lustig. Ich meine, was sagt das denn aus? Also ganz ehrlich: Ich hätte das nicht von mir gedacht."

„Ach komm. Mach dir keinen Kopf. Wenn die von der Tierschutzpartei einmal bei einer deiner Grillpartys waren, nehmen die dich eh nicht auf. Die erklären dich direkt zu ihrem Antichrist."

„Ja, ja. Mach du nur deine Witzchen. Was wirst du denn am Sonntag wählen?"

„Ich?"

„Ja du. Na? Wusste ich's doch, dass du selbst keinen Plan hast."

„Halt mal. Ich hab sehr wohl einen Plan."

„Na, da bin ich aber mal gespannt."

„Erststimme KPD. Zweitstimme NPD."

„Na großartig. Das ihr Komiker nie irgendetwas ernst nehmen könnt."

„Das ist ernst gemeint."

„Und was soll das bringen?"

„Na ja. Wenn se mich dann zwei Tage nach der Wahl abholen und in die Klapse stecken, weiß ich wenigstens, dass der Schäuble sich die DNA Spuren von den Wahlzetteln holt."

„Okay. Also hast du wenigstens ein Motiv. Sehr löblich."

„Eh, jetzt versuchst du mich aber zu verarschen."

„Ach, wie kommst du denn darauf? Aber du willst dich ja gar nicht ernsthaft mit mir unterhalten."

„Okay, okay. Auch wenn mich das Thema langsam aber sicher fast soweit bringt, dass ich mich vor Gram rumpelstielzchenmäßig in zwei Teile reißen möchte. Wenn dir so daran gelegen ist: Lass uns über die verschissene Wahl sprechen. Womit willst du anfangen?"

„Ich suche nach Argumenten für oder gegen die großen Parteien."

„Warum nur die Großen?"

„Weil die Kleine wählen nichts bringt."

„Wer sagt das?"

„Es ist halt so."

„Aber, wenn die Mehrheit geschlossen eine kleine Partei, sagen wir mal Die grauen Panter wählen…"

„Wir hatten uns doch auf ernsthaft geeinigt, oder?"

„Ja schon gut. Also die großen Parteien."

„Die Linke."

„Wow. Du gehst ja gleich in die Vollen."

„Ja und? Warum Zeit vertändeln?"

„Um sich vor der Arbeit zu drücken."

„Tusche. Also?"

„Bei der Linken schwingt mir immer so'n bisschen zu sehr Oskars späte Rache mit. Und der Gysi nutzt für sich, dass der Lafontaine so tierisch angepisst ist, um sich selbst ins Rampenlicht zu bringen."

„Na ja. Und inhaltlich?"

„Wie jetzt, inhaltlich?"

„Na, ich würde mit dir gerne ein paar inhaltliche Aspekte zu den Linken diskutieren. So Themen wie „Abzug der Bundeswehr aus Afghanistan", „Vermögens- und Erbschafts- steuer", die Haltung der Linken zum Mindestlohn, „Transatlantisches Freihandelsabkommen."

„Vollkommen scheiß egal."

„Bitte was?"

„Ich sagte: Vollkommen scheiß egal."

„Ich hab dich schon verstanden. Ich bin nur entsetzt, dass dir Inhalte scheiß egal sind."

„Ich habe nie gesagt, dass Inhalte mir vollkommen scheiß egal sind. Ich wollte damit nur sagen, dass es vollkommen scheiß egal ist, mit welchen Inhalten die Parteien ihre Wahlprogramme voll stopfen."

„Wie meinst du das denn jetzt?"

„Na ja, ich meine: es ist Wahlkampf. Da geht's doch eh nur darum, den Wählern das zu erzählen, was sie hören wollen. Klar sagen die jetzt, dass die Bundeswehr raus aus Afghanistan muss und dass wir einen Mindestlohn von zehn Euro die Stunde brauchen. Aber wenn die wirklich an der Regierung sind setzen die eh nichts davon um."

„Ach komm. Das sind doch nur polemische, verdrossene Stammtischparolen, die du hier klopfst."

„Stimmtischparolen? Mit Nichten. Das ist leider nur die bittere Erkenntnis, dass es egal ist, welchen Eierdieb wir wählen. Es ändert sich sowieso nichts."

„Na gut. Es bringt nichts mit dir ernsthaft über Politik reden zu wollen."

„Okay, du willst über Inhalte reden. Von mir aus."

„Nein ist schon gut."

„Ne, wart mal. Lass uns mal über die Punkte reden, die du angesprochen hast. Thema Mindestlohn."

„Ja?"

„Also, die können sich jetzt so stark für den Mindestlohn machen wie die wollen. Nach der Wahl wird denen der Zahn von den Arbeitgeberverbänden schon gezogen."

„Weiß nicht, wenn mal jemand anders kommt, der nicht nur die Lobbyisten bedient, sondern sich für die Belange des Volks stark macht."

„Oh man. Du bist echt ein Kommunist."

„Sehr witzig."

„Jetzt mal ernst: also so idealistisch darfst du nicht sein. Was sollen die denn machen? Der Kramer wird den klipp und klar sagen, wohin sie sich den Mindestlohn stecken können."

„Und wenn schon."

„Du verstehst nicht. Dann droht er halt damit, dass Siemens, VW oder irgendein andere großer Konzern die letzten Arbeitsplätze auch noch ins Ausland verlagert."

„Hhmm. Ich verstehe so langsam, was du meinst."

„Transatlantisches Freihandelsabkommenist genau das gleiche. Da werden sich schon Exon und die restlichen Verbrecher der Ölmafia stark machen, dass das zu ihren Gunsten ausfällt, damit sie auch in Europa mittels Fracking an die letzten fosilen Rohstoffe rankommen. Verstehst du jetzt, was ich damit meine, wenn ich sage, dass Inhalte vollkommen scheiß egal sind?"

„Ich befürchte schon. Also unterm Strich ist es vollkommen egal, wen wir wählen. Die Politik wird nicht mehr von den Politikern gemacht."

„Jetzt hast du's. Richtig. Wer uns regiert spielt keine Rolle. Denn im Kanzleramt im Rollkontainer unterm Kanzlerschreibtisch liegt ein dickes Buch mit Lobbys, die von der Regierung bei Laune gehalten werden müssen. Egal ob Pharmalobby, Bankenaktionäre, Rüstungsindustrie. All diese Ärsche entscheiden im Endeffekt die Fahrtrichtung. Und ob wir mitfahren wollen, ist denen vollkommen scheiß egal. Da ändert auch ein Gysi oder ein Al-Wazir nichts dran. Die Inhalte bleiben im Endeffekt immer die gleichen."

„Also können wir dann nur die Verpackung wählen?"

„So sieht's leider aus."

„Verdammt. Dann geht's mittlerweile in der Politik genauso wie bei diesen ganzen Carstingshows nur um Äußerlichkeiten und darum wer optisch in das Konzept passt?"

„Hhmm. Hab ich noch nicht drüber nachgedacht, aber jetzt wo du das sagst, könnte schon was dran sein."

„Aber warum dann Merkel?"

„Ich glaube, die strahlt halt einfach das richtige ‚'Nette Tante von nebenan" Klischee aus."

„Und das wo sie doch die ‚'Böse Tante von drüben" ist."

„Tja. Aber mal ehrlich: Ne schöne Frau wäre doch schon wieder was, was nicht alle Wähler anspricht. Frauen würden die Merkel nie wählen wenn sie aussehen würde wie die Katzenberger."

„Jetzt wirfst du aber nur so mit Stereotypen um dich. Aber ich versteh, schon was du meinst: Frauen mögen keine Frauen, die schöner sind als sie. So Platzstutenverhalten quasi."

„Richtig. Außerdem geht man davon aus, dass eine attraktive Frau dumm ist. Dumm fickt vielleicht gut, macht aber mit Sicherheit keine gute Politik."

„Jaha. Ich kann mir schon die holen Phrasen vorstellen, die dann wieder gedrechselt werden: So wie die aussieht verbringt die mehr Zeit unterm Solarium als im Kanzleramt."

„Genau so würde es kommen. Aber das Risiko haste bei der Merkel nicht. Dazu macht sie noch ihre galatartige Politik der Vermeidung jeglicher Verbindlichkeit und spricht noch die Hundebesitzer an."

„Was? Sie spricht die Hundebesitzer an?"

„Klar. Wer Herrchen eines Huschpuppies ist, sieht jeden Morgen in das Gesicht von Angela Merkel. Das frisst sich im Unterbewusstsein fest."

„Na, jetzt machst du es aber auch."

„Was?"

„Na diese Frotzeleien über ihr Erscheinungsbild. Was ist das nur mit dir und Angela Merkel?"

„Kann ich dir sagen, und das beantwortet dann auch wieder deine eingangs gestellte Frage danach, wen ich am Sonntag wähle."

„Na jetzt bin ich aber mal gespannt."

„Ich musste feststellen, dass ich Angela Merkel brauche, und deshalb werde ich widerwillig mein Kreuz bei der CDU machen."

„Warum in drei Teufelsnamen das denn?"

„Wegen meinem neuen Buch, was demnächst erscheint. Mehrere Geschichten darin drehen sich um Angela Merkel. Wenn sie nicht wieder Kanzlerin wird, fehlt der aktuelle Bezug, das Buch ist veraltet, bevor es erscheint und daher mache ich mir ernsthafte Sorgen um meine Absatzzahlen."

„Dir geht es also nur um deinen eigenen Vorteil?"

„Also mal ganz ehrlich: Mir fällt kein bessere Grund ein, am Sonntag zur Wahl zu gehen. Der Rest ist eh vollkommen scheiß egal."

„Stimmt schon. So hast du wenigstens noch was davon."

„So sieht's aus."

„Ich mach mich jetzt mal wieder an meinen Artikel."

„Über was schreibst du?"

„Mal schauen. Vielleicht was über Angela Merkel."

Manches sollte lieber unausgesprochen bleiben

„So meine Mädchen", sagte Eva, erhob ihr Glas Fürst von Metternich und blickte in die Runde. „Jetzt wollen wir aber endlich mal zusammen anstoßen. Der wird ja sonst noch ganz warm. Prost!"

Mit dreifach erwidertem „Prost" wurde das wilde Durcheinandergeschnatter unterbrochen und das ausklingende Klirren der Gläser untermalte diese plötzliche Stille zusätzlich.

Wie jeden letzten Freitag im Monat traf sich auch heute der Stammtisch von Eva und ihren Freundinnen.

Außer Eva kamen auch noch Margot, Jutta und Pauline. Die vier Frauen kannten sich bereits seit der Schulzeit und waren nun schon seit fast vierzig Jahren miteinander befreundet.

„Kinder", rief Eva ihr Glas absetzend, „jetzt muss ich euch aber mal was erzählen. Aber das bleibt bitte unter uns. Mensch, da kennen wir uns nun schon seit so vielen Jahren, aber ich glaube, so etwas hab ich euch noch nie erzählt."

Eva wurde ganz leise und winkte, sich nach vorne auf den Tisch lehnend, ihre drei Freundinnen zu sich heran.

„Ich habe geklaut!", sagte sie leise, mit einer Mischung aus Beschämtheit und kindlich, aufgeregtem Kichern in ihrer Stimme.

Die anderen drei runzelten nur verdutzt die Stirn.

„Bitte was?", fragte Pauline leise.

„Na geklaut!", sagte Eva etwas lauter und fuhr sich danach selber mit der Hand über den Mund. „Beim Drogeriemarkt. Eine Tube Zahnpasta."

„Warum hast du denn Zahnpasta geklaut?", wollte Margot wissen.

„Na ja", wand sich Eva. „Ich wollte für Günter seine Zahnpasta kaufe. Ihr wisst doch, er benutzt ja nur diese eine ganz spezielle von Signal. Dann wollte ich mein Portemonnaie aus meiner Tasche holen. Allerdings hatte ich die Hände voll mit Sachen und da hab ich einiges erstmal in die Tasche getan und an der Kasse wieder ausgeräumt. Wie ich dann nach dem Bezahlen vor dem Laden mein Portemonnaie wieder in meine Tasche packen will finde ich darin die Zahnpasta."

„Ach so", raunte Jutta, sich wieder zurücklehnend. „Du hast also unabsichtlich vergessen die Tube Zahnpasta zu bezahlen."

„Ja", schnaufte Eva erleichtert, „quasi unabsichtlich geklaut."

„Blödsinn!", maulte Margot. „Man kann nicht unabsichtlich klauen."

„Doch. Aber sicher kann man unabsichtlich klauen. Meinst du etwa ich hab die Zahnpasta mit Absicht eingesteckt?", entrüstete sich Eva.

„Nein. Was ich meine ist, dass Klauen, also Diebstahl, immer vorsätzlich ist. Niemals unabsichtlich. Du hast also nicht geklaut, also Ladendiebstahl begangen, sondern lediglich aus versehen etwas eingesteckt und vergessen diesen Artikel zu bezahlen."

„Siehste Evchen", warf Pauline beruhigend und schlichtend ein. „Margot muss es doch wissen. Immerhin arbeitet sie bei einem Anwalt."

„Nun gut", seufzte Eva. „Auf jeden Fall geht es mir jetzt schon deutlich besser, wo das jetzt endlich raus ist. Ganz ehrlich: Hätte ihr gedacht, dass mir das mal passiert, dass ich in einem Geschäft etwas einstecke und dann auch noch vergesse es zu bezahlen?"

„Dinger gibt's!", schüttelte Pauline den Kopf.

Eva trank einen kräftigen Schluck von ihrem Sekt.

„Da glaubt man einen Menschen seit fast 40 Jahren zu kennen und weiß doch gar nichts über seine dunklen Geheimnisse."

Eine ganze Weile verstummten die vier Frauen.

„Wisst ihr", brach Jutta letztendlich das Schweigen.

„Wo wir schon grad dabei sind uns Dinge, die keiner wissen soll anzuvertrauen: Ihr wisst doch alle, dass mein Vater vor drei Jahren so schlimm an Krebs erkrankt ist und jetzt schon seit über einem Jahr im Krankenhaus ist."

Alle nickten bestürzt.

Jutta atmete tief durch.

„Ich habe vor fünf Monaten entschieden, dass er mit allen nur erdenklichen Mitteln am Leben erhalten werden soll… und das nur, um ihn zu quälen."

„Bitte was?", riefen Eva und Pauline entsetzt.

Auch Margot schien sichtlich irritiert.

„Warum um Himmelswillen das denn?", wollte Eva aufgebracht wissen.

„Weil ich ihn aus ganzem Herzen hasse. Weil er mich nie geliebt hat. Weil er mich nie in den Arm genommen hat, und ich ihm immer nur lästig war", antwortete Jutta finster und verbittert.

„So was aber auch", dachte Eva.

Dabei war sie immer der Ansicht gewesen, dass Jutta die perfekte Familie hatte. Ihr Vater hatte doch immer so gut für sie und ihre Mutter gesorgt.

„Erinnert ihr euch noch an das eine Mädchen aus unserer Klasse mit dem Alkoholiker Vater?"

Verwunderung machte sich in der Runde breit.

„Der hat sie doch immer grün und blau geschlagen. Wisst ihr, an manchen Tagen hab ich sie tatsächlich ein wenig beneidet."

„Jutta!", schrie Eva empört auf.

„Nein wirklich. An manchen Tagen hätte ich sonst was dafür gegeben, dass mein Vater mich mal verprügelt hätte. Aber er war immer viel zu beschäftigt und ich habe für ihn gar nicht richtig existiert."

„Also Jutta, das find ich jetzt schon ein wenig krass!", entglitt es Eva.

„Ne, ne", warf Pauline ein. „Ich verstehe schon, was Jutta damit meint: Besser negative Zuneigung, als gar keine Zuneigung. Wir hatten so etwas Ähnliches neulich in der Hundeschule."

„Trotzdem hätte ich das von Jutta nicht erwartet", antwortete Eva überfordert.

„Habt ihr gewusst, dass mein Chef und ich jedes Jahr eine Petition zur Freilassung und Begnadigung von Charles Manson starten?", äußerte sich jetzt unerwartet auch Margot.

„Was war das?", schüttelte sich Eva pikiert in der Annahme, es sei nur ein schlechter Scherz gewesen.

„Mein Chef kam eines Tages zu mir, weil er mich für seine integerste Mitarbeiterin hielt. Er gab mir eine Akte, die er als streng vertraulich kategorisierte und bat mich etwas ins Englische zu übersetzen und einige Kopien zu erstellen. Bis zu diesem Zeitpunkt hatte ich keine große Ahnung, wer Charles Manson überhaupt ist. Also hab ich meinen Chef nach ihm gefragt und danach, warum ausgerechnet er als deutscher Anwalt für seine Freilassung kämpfen würde."

Eva war ihr Entsetzten ins Gesicht geschrieben. Sie konnte einfach nichts dazu sagen.

„Und soll ich euch was verraten", fuhr Margot fort, „er hat mich fest davon überzeugen können, dass es richtig ist. Viele von Mansons Ansichten halte ich durchaus für richtig und sinnvoll."

„Richtig und sinnvoll?", keifte Eva. „Du kannst ja mal Roman Polanski fragen, ob er die Ansichten von Charles Manson für ‚richtig' und ‚sinnvoll' hält!"

Eva war wirklich außer sich.

„Der Polanski hat aber auch schon lange keinen guten Film mehr gemacht", unterbrach Pauline den Streit zwischen Eva und Margot.

„Aber wisst ihr, wenn ich ganz toll finde? Diesen Daniel Brühl. Meine Herren! Ist der vielleicht lecker."

„Ach Paula", feixte Jutta.

„Nein wirklich", verteidigte sich Pauline. „Mein Sohn Christopher hat einen Klassenkameraden, der sieht dem Daniel Brühl wirklich zum Verwechseln ähnlich. Ach, ich freu mich ja immer, wenn der Christopher den mal mit nach Hause bringt. Neulich hat er mal bei uns übernachtet. Als er sich dann morgens geduscht hat konnte ich ihn durch das offene Badezimmerfenster vom Garten aus beobachten. Und ich glaube, dass er das auch mitbekommen hat. Denn irgendwann blickte er mal aus dem Fenster und danach ist er mit seiner Hand über seinen…"

„So meine Damen! Wer von ihnen bekommt den Jägerspieß?", unterbrach der Kellner Paulines ausschweifend erotische Erzählung.

„Gott sei Dank!", schickte Eva innerlich ein Stoßgebet gen Himmel. Vorerst waren alle vier Frauen mit den bestellten Speisen beschäftigt.

Nach dem Essen entschieden alle vier stumm, dass sie das eben besprochene nicht noch einmal aufrollen, sondern sich lieber wieder über belanglose und oberflächliche Dinge unterhalten wollten.

Jutta verriet allen, dass Frau Müller vom Mode Gustav eine Perücke trug, und auch die Geburt des zweiten Kindes von Madeleine von Schweden wurde ausführlich diskutiert.

Eva war sichtlich froh, dass sie alle so taten, als hätte dieses Gespräch nie stattgefunden. Sie hatte erkannt, dass es für ihre Freundschaft gar nicht nötig war, sich alles anzuvertrauen.

Manches sollte lieber unausgesprochen bleiben.

Der Geist von Adolf Stalin

Victor und Nikolaj hatten eines Tages die Nase voll von Harz IV und entschieden sich dafür, sich lieber als Ghostbusters selbstständig zu machen.

Sie meldeten ihr Gewerbe als Dienstleistungsunternehmen für die Beseitigung paranormaler Erscheinungen an und kauften sich von dem Geld, das sie als Existenzgründungszuschuss bekamen, und etwas Bargeld, das Victors Tante ihnen als Startkapital gab, über Ebay zwei gebrauchte Staubsauger des englischen Herstellers Dyson, bei denen in der Produktbeschreibung ausdrücklich darauf hingewiesen wurde, dass diese auch geeignet seien um paranormale Dunsterscheinungen aufzunehmen.

Nikolaj erstellte ihnen noch eine schlichte, aber aussagekräftige Homepage und eine Facebook Seite.

Ihr erster Auftrag, den sie schon wenige Tage nach Eröffnung ihres Geschäfts an Land ziehen konnten, führte sie in eine alte Landhaus Villa, die ein bayrischer Gastronom erworben hatte, um darin ein XXL Restaurant zu eröffnen.

„Und ihr seid euch wirklich sicher, dass man Geister mit simplen Haushaltsstaubsaugern einfangen kann?", hatte dieser die beiden ungläubig gefragt, als er sie nur mit ihren Dyson Staubsaugern bewaffnet sah.

„Aber sicher doch" bestätigten Nikolaj und Victor, obwohl sie noch keinen einzigen Test gemacht hatten, sondern nur auf die Ebay Beschreibung vertrauten.

„Na gut. Von mir aus. Aber Kohle gibt's erst nach getaner Arbeit. Und ohne Rechnung!" Nikolaj und der bayrische Gastronom besiegelten den Auftrag per Handschlag.

„Na toll", sagte Victor, als sie vorsichtig die alte Villa betraten.

„Das fängt ja schon großartig an. Der erste Job und gleich schwarzarbeiten. Ich dachte, wir wollen eine seriöse Firma gründen?"

„Komm schon", lenkte Nikolaj ein. „Es ist ja grade mal unser allererster Auftrag. Sehen wir es doch einfach als Testlauf für unsere Ausrüstung. Außerdem tut die Extrakohle unseren Brieftaschen auch mal ganz gut."

Victor seufzte.

„Na gut. Meinetwegen dieses eine Mal. Aber das wird nicht zur Gewohnheit!"

Herrlich klischeehaft, wie in einem drittklassigen Horrorfilm, knarrten die alten Holzdielen der Treppe unter ihren Schritten.

Allmählich wurde Nikolaj ein wenig flau in der Magengegend.

Victor hingegen war zu sehr damit beschäftigt sich immer noch über den bayrischen Gastronom zu ärgern.

„Ganz ehrlich: Ich empfinde das wirklich als Beleidigung. Ich verstehe wirklich nicht, warum die Leute immer gleich denken, nur weil man osteuropäischer Herkunft ist, ist man auch wie versessen darauf bei jeder Gelegenheit schwarz zu arbeiten."

„Psst", zischte Nikolaj auf einmal und blieb abrupt stehen. „Hast du das auch gehört?"

„Was denn?", wollte Victor eigentlich noch fragen, aber da sausten auch schon zwei „Buuhhaaahhh" brüllende Geister über ihre Köpfe hinweg.

Nikolaj erschrak so sehr, dass er sich ängstlich kauernd an Victor festhielt, während die zwei Geister rasend schnell um sie herum und über sie hinweg flogen.

Auch Victor war sehr verängstigt, lies sich seinem zitternden Freund zu Liebe nichts anmerken.

„Halt!" schrie plötzlich ein dritter, um die Ecke schwebender Geist. „Verdammt noch mal. Halt habe ich gesagt!"

Einer der beiden Geister, die Victor und Nikolaj umkreisten, hielt inne und blickte verdutzt zu dem dritten sehr erzürnten Geist hinüber.

Nur der andere Geist zappelte noch immer aufgescheucht auf und ab und macht Faxen vor den beiden eingeschüchterten Menschen.

„Meine Güte", führt der dritte Geist stinksauer fort. „Was war das gerade den schon wieder für ein furchtbar dilettantischer Auftritt?"

Er schüttelte verärgert den Kopf.

„Kann sich denn wirklich keiner von euch Stümpern an meinen Plan halten. Was hatte ich euch im Vorfeld denn für Instruktionen gegeben?"

„Och ne", raunte jetzt der zweite Geist. „Jetzt geht der Blödsinn wieder los. Lass uns bloß in Ruhe mit deinem Scheißplan!"

„Scheißplan?" schrie der andere Geist erzürnt auf. „Was war das? Ich hoffe doch mal ganz stark, dass ich mich gerade verhört habe!"

„Du hast schon richtig gehört. Dein so genannter Plan ist riesengroßer Bockmist. Und überhaupt: Warum denkst du immer noch, dass du hier der Anführer bist und uns aufs Geradewohl rumkommandieren kannst?"

Während sich die zwei Geister weiter stritten, standen Nikolaj, der sich nach und nach aus seiner kauernden Haltung aufrichtete, und Victor nur fassungslos staunend dazwischen und wunderten sich darüber, wie ruppig die Geister mit einander umgingen.

Nur der dritte Geist hampelte immer noch aufgeregt neben ihnen hin und her. Es wirkte jedoch eher lächerlich, so dass ihm jeglicher Schrecken abging.

„Daher bin ich viel eher der Überzeugung, dass die Wahl unserer Erschreckungsstrategie einer gemeinschaftliche Mehrheitsentscheidung und nicht der Idee eines Einzelnen unterliegen sollte", fuhr der zweite Geist fort. „Denn immerhin sind wir ein Kollektiv, wenn auch ein untotes."

„Oh bitte verschon mich mit diesem dämlichen marxistischen Volksentscheidblödsinn", spottete der andere zornige Geist.

„Das ist doch totaler Schwachsinn. Ich bin nicht bereit Mehrheitsentscheidungen zu tolerieren, bei denen dieser Trottel da drüben das gleiche Stimmrecht haben soll wie ich."

Abfällig deutete er auf den neben Victor und Nikolaj immer noch aufgeregt zappelnden Geist.

„Es gibt nur eine Weise, wie das hier funktionieren kann und das ist die bedingungslose, totalitäre Entscheidungsgewalt eines Einzelnen, der mit strenger Hand die Gruppe führt und ihnen klare, präzise Anweisungen diktiert, den Folge geleistet werden muss."

„Ich hab's gewusst. Es geht wieder los", stöhnte der andere Geist und wand sich an Victor und Nikolaj.

Diese waren sichtlich irritiert darüber, so unverhofft in die Diskussion miteinbezogen zu werden.

„Wisst ihr, seit über sechzig Jahren muss ich mir jetzt schon diesen furchtbaren totalitären Diktatur-Unsinn von diesem alten Faschisten anhören. Immer wieder aufs Neue fängt er damit an, ein und dieselbe schäbige Propaganda runterzuleiern. Passt auf, jetzt fängt er gleich wieder mit seiner Lobrede auf den Nationalsozialismus an."

Fragend blickte Victor zu Nikolaj.

„Faschistische Geister. Glaubst du das?"

Nikolaj schüttelte fassungslos den Kopf.

„Was ist denn eigentlich mit dem da drüben los?" harkte Victor bei dieser Gelegenheit nach und zeigte auf den zappelnden Geist. „Hat der irgendeine Störung?"

„Ne, der kann nichts dafür", erklärte ihnen der Geist. „Er ist ein Unruhigergeist."

Mit einer bestätigend nickenden Kopfbewegung tat Victor so, als hätte er den vollen Durchblick, dabei hatte er keine Ahnung wovon der Geist sprach.

Der dritte Geist war immer noch damit beschäftigt, seinen scheinbar sorgfältig einstudierten Vortrag über die Vorzüge der faschistischen Diktatur der Nationalsozialisten, den er mit viel Pathos und Inbrunst vortrug, aufzusagen.

„Und somit ist es geschichtlich erwiesen, dass es nur großen Männern wie Hitler oder auch Stalin obliegt mit strenger Hand ein funktionierendes Regime…"

„Bitte?", brüllte jetzt auf einmal der andere Geist laut auf. „Du willst doch wohl nicht etwa dieses Schwein Hitler mit Josef Stalin vergleichen?"

Der dritte Geist verstummte.

„Der Stalinismus war etwas grundlegend anderes als dieser Scheiß, den die NSDAP-Spacken verzapft haben. Josef Stalin war ein großartiger Staatsmann, der Revolutionäres wie die Kollektivierung der Bauer erdacht hat und die großartigen Theorien von Marx und Lenin Wirklichkeit hat werden lassen!"

„Jetzt reicht es!" brüllte Nikolaj so laut, dass diese Worte wie ein Peitschenschlag die Luft durchschnitten und alle anderen verstummen ließen. Sein Kopf war feuerrot und sah aus, als wolle er gleich vor Zorn zerplatzen.

„Meine Fresse. Was seid ihr den bloß für blöde Ärsche? Ihr habt ja grad mal gar nichts aus der Vergangenheit gelernt. Der eine hält Lobreden auf Hitler und die Nazis, und der andere glorifiziert Stalin als Wohltäter und kommunistischen Heiland des russischen Volkes. Stalin war genau so ein Drecksack und Mörder wie Hitler. Der hatte genau so viel Blut an seinen Händen und Leichen in seinem Keller. Und Typen wie ihr, die bis heute nicht kapieren wollen, dass das damals nicht cool war, sonder furchtbar, grausam und eine der schlimmsten Epochen der Menschheit, kotzen mich einfach nur an."

Mit einem gezielten zornigen Tritt schaltete Nikolaj seinen Staubsauger an und hielt ihn gegen die Geister.

Die beiden hatten keine Chance der enormen Saugkraft des Dyson zu entkommen. Mit zwei dumpfen polternden Geräuschen verschwanden die beiden im Sauger.

Auch den dritten dämlich zappelnden Geist hatte Nikolaj in Windeseile eingesaugt.

Mit einem zweiten gezielten Tritt schaltete er seinen Staubsauger wieder aus und sagt nur kurz und knapp: „So, das war's!"

Schweigend verließen die beiden die alte Villa.

Victor lies sich ihr Honorar von dem bayrischen Gastronom ausbezahlen. Dieser war mit der Arbeit der Jungs so zufrieden, dass er ihnen noch zwei Gutscheine für je eine Gratis XXL Currywurst mit Pommes dazugab.

Auf der Fahrt nach Hause wusste Victor nicht so recht, ob und wenn ja, was er sagen sollte. Doch irgendwann brach Nikolaj das Schweigen.

„Weißt du, diesen verblendeten Scheiß über Hitler hört man ja immer wieder von irgendwelchen Idioten, die's nicht kapiert haben. Aber die Nummer mit Stalin ging mir echt zu weit. Da bin ich wirklich empfindlich, weil mein Opa im zweiten Weltkrieg in einem stalinistischen Gulag uns Leben gekommen ist. Außerdem darf man sich von diesen faschistischen Pissnelken nichts gefallen lassen, nicht mal vom Geist des Faschismus!"

Mit Holzapfel in Entenhausen

Ich gebe zu, dass die meisten meiner Geschichten frei erfunden sind, oder zumindest so sehr at absurdum geführt wurden, dass sie in ihrer Endfassung in der Regel stark verfremdet sind. Aber die folgende Geschichte ist so, wie ich sie hier erzähle, zu 95 % exakt den wahren Geschehnissen entsprechend. Eine fünf prozentige Abweichung von der Wahrheit muss mir zugestanden werden, da das Erlebte schon einige Jahre in der Vergangenheit liegt.

Vor ungefähr drei Jahren lud mich eine Bekannte zu einem Vortrag ein.

Ihre Beschreibung war nicht unbedingt konkret oder detailliert, sondern eher wage und bestand viel mehr nur aus einzelnen Schlagwörtern, die sie mir entgegen warf.

„Öhhm... Ja... Also... Du musst unbedingt kommen... Öhhm... Ach, das wird halt so ein Vortrag... Halt was Humoristisches... is' son Kerl... Öhhm... Der erzählt was über Entenhausen... So mit gesellschaftskritischem Hintergrund..."

Öhhm, ja!

Keine Ahnung, was mich geritten hat. Wahrscheinlich hatte ich an diesem Abend wirklich nichts Besseres zu tun, denn ich habe ihr blindlings vertraut und bin zu diesem ominösen, humoristischen, gesellschaftskritischen Entenhausen Vortrag gegangen.

Na gut. Ich gebe zu, es war auch eine eintrittsfreie Veranstaltung. Was mich im Nachhinein ein wenig beruhigt hat, denn hätte ich dafür auch noch Geld bezahlen müssen, hätte ich mich sicherlich noch mehr geärgert.

Aber ich will an dieser Stelle Nichts vorweg nehmen!

Um zwanzig Uhr sollte die Veranstaltung beginnen. Mehr als pünktlich stand ich um viertel vor acht wie vereinbart im Foyer der Veranstaltungshalle. Meine Bekannte und Ihr Freund waren auch schon da. Außer uns tummelten sich noch ein paar andere Leute im Foyer. Wir erzählten noch ein wenig und rauchten während dessen noch eine Zigarette.

Meine Bekannte wirkte irgendwie ein wenig nervös. Sie bekundete immer wieder, dass sie auch total gespannt wäre, da sie ja auch gar nicht wüsste, was uns hier erwarten würde.

Kurz vor acht kam ein Mann zu uns, der uns freundlich darauf aufmerksam machte, dass es an der Zeit wäre hinein zu gehen, da man gleich anfangen wolle.

Sehr nett eigentlich. Aber leider hatte ich an dieser Stelle schon das erste Mal ein merkwürdiges Gefühl, da ich diesen Mann von irgendwoher kannte, sein Gesicht aber keine konkreten Verbindung zuordnen konnte.

Gutgläubig drückte ich meine Zigarette aus und schlenderte in den Saal, das wahre Ausmaß des darin auf mich lauernden Schreckens nicht erahnen könnend.

Die meisten Plätze waren schon belegt, aber der nette Mann aus dem Foyer lud uns ein, in der ersten Reihe neben ihm Platz zunehmen. Wieder eine sehr nette Geste, die mir sehr entgegen kam, da ich aufgrund meiner Eitelkeit natürlich wie immer keine Brille dabei hatte.

Doch was der Videobeamer dort auf die Leinwand warf, konnte ich leider auch ohne Brille nur zu gut erkennen. Dort prangte nämlich „Herzlich Willkommen zu einer Wahlkampfveranstaltung der SPD Rheingau Taunus" in willibrandgedenknissozialdemokratischroten Lettern.

„Oh mein Gott! Wir sitzen im falschen Saal!" schoss mit Entsetzen durch meinen Kopf.

Ich wollte gerade meine Begleiter anstoßen, um sie auf diesen kapitalen Fehler und auf unsere schnelle und umgehende Flucht aus dieser Misere hinzuweisen, als der nette Mann aus dem Foyer sich und seine Stimme erhob.

Der Anflug einer Panikattacke zwängte mich in meinen Sitz, und mein Herz fing an zu rasen, als er sich räusperte und sprach.

„Schönen guten Abend meine Damen und Herren, liebe Parteifreunde. Ich möchte sie herzlich Willkommen heißen zu unserer kleinen Wahlkampfveranstaltung der etwas anderen Art. Ich will gar nicht viele Worte verlieren, ich freue mich ihnen unseren heutigen Referenten vorstellen zu dürfen. Es freut mich sehr, dass er es trotz seiner engagierten Arbeit für unsere Partei…".

Ein agsteinflössendes Kichern, wie das eines Rudel Hyänen ging durch den Saal.

Auch die redende Oberhyäne, die sich als netter Mann aus dem Foyer verkleidet hatte, und in Wirklichkeit der Vorsitzende der SPD Rheingau Taunus war, lachte und verzog hämisch grinsend das Gesicht.

Ich lachte nicht.

Ich versank, den mir in die Achseldrüsen schießenden Angstschweiß spürend nur noch tiefer in meinem Sitz und hoffte inständig, heil und ohne ernste emotionale oder psychische Schäden aus dieser Nummer heraus zukommen.

Die Oberhyäne fuhr fort.

„… einrichten konnte, heute Abend hier bei uns zu sein, um uns die Wahrheit über Entenhausen und seine Einwohner zu erzählen. Ein herzliches Willkommen und einen freudigen Begrüßungsapplaus dem SPD Abgeordneten im hessischen Landtag: Hartmut Holzapfel!"

„Nein bitte nicht auch noch der!", flehte ich innerlich langsam aber sicher zu der Erkenntnis kommend, dass mich da Oben irgendwer zu hassen schien.

Die Sozihyänen um mich herum jaulten und applaudierten der herein wankenden rundlichen Kahlkopfhyäne begeistert entgegen.

Holzapfel stellte sich an einen Tisch neben der Bühne und begann mit seinem Vortrag.

Er betätigte die Fernbedienung des Videobeamers. Das rote Propagandabanner auf der Leinwand verschwand und es erschien ein Ausschnitt aus einem Donald Duck Comic.

Halt! Moment mal! Das darf doch wohl nicht wahr sein: Hartmut

Holzapfel hält einen Vortrag über Donald Duck Comics?

Ja es war wirklich real.

Dieser Mann, der mal hessischer Kultusminister und stellvertretender Fraktionsvorsitzender der SPD war, und derzeit immer noch im Landtag hockt, tingelt durch die Gegend, hält Vorträge über Donald Duck und brüstet sich damit einer DER Donald Duck Experten, ein so genannter Donaldist, zu sein.

An dieser Stelle darf sich jetzt jeder selbst überlegen, was er davon hält.

Ich für meinen Teil lese auch ganz gerne Comics, würde mich allerdings nie als so etwas wie einen Donaldisten bezeichnen und habe vor so genannten ‚'Comic-Experten" immer ein wenig die Hosen voll.

Solche Leute neigen dazu, das mit den Comics für meinen Geschmack eine Spur zu ernst zu nehmen und werden manchmal etwas realitätsfremd, um es mal vorsichtig zu formulieren. Direkt gesagt: Erwachsene Männer, die sich zu intensiv mit Comicwelten beschäftigen und sich freiwillig als Donaldist bezeichnen, haben ganz gewaltig einen an der Klatsche!

Ich bin mir nicht sicher, ob ich so jemanden unbedingt im Landtag sitzen haben möchte.

Als Erstes echauffierte sich Holzapfel darüber, dass die meisten den Namen englisch, Donald Duck (wie Ente, was bei einer Ente ja durchaus Sinn macht) aussprechen würden. Richtig wäre es allerdings den Namen deutsch, als Duck mit „U" auszusprechen.

„Klar", dachte ich mir. „Ist doch logisch, dass jemand, der so eng Schulter an Schulter mit Ludwig von Friedeburg für die Einführung der Gesamtschule und die Reformierung der Lehrfächer Deutsch und Gesellschaftslehre gekämpft hat, mit Anglizismen nicht wirklich was am Hut hat."

Holzapfel fuhr mit seinem Vortrag fort und beschrieb Donald Ducks Entwicklung von Anarchisten hin zum, wie konnte es anders sein, Sozialdemokraten.

Er verwies noch darauf, dass Politiker in Entenhausen meist als fette, schwarz gekleidete Schweine auftreten würde.

Ganz ehrlich, diese ganze Geschichte war selbst für mich suspekt und schwer nachvollziehbar.

Nach einer Weile hatte ich den ersten Schock überwunden und blickte zu meiner Bekannten.

Sie lachte und klatschte immer freudig mit den anderen Hyänen zusammen. Ich erwischte sie dabei, wie sie der Oberhyäne zu nickte, den Daumen hob und ihr mit stummen Lippen ein „Super" zuschleimte.

„Boahr! Du Ratte. Du wusstest von Anfang an Bescheid und hast mich trotzdem mit hier her geschleppt", schoss es hässlich durch mein verwirrtes Gehirn. Ich fühlte mich verraten und betrogen.

Während Holzapfel weiter über die angeblichen gesellschaftskritische Signifikanz von Donald Duck Comics redete, gab es in meinem Kopf nur noch einen einzigen zornigen Gedanken.

„Du miese Kröte hast mich reingelegt. Eiskalt verraten. Du hast mich verraten."

Auf einmal fragte eine weitere innere Stimme: „Wer hat dich verraten?"

Und ich brüllte innerlich meine Wut entladend: „Sozialdemokraten!"

Jetzt ging es los. Immer lauter ein und dasselbe Wechselspiel.

Zwischendurch sah ich Conny Wecker am Flügel sitzen und hörte ihn singen: „Wer hat dich verrasten?", und das Publikum antwortete ebenfalls singend „Sozialdemokraten!"

Ich hatte mich in den Armlehnen meines Stuhls festgekrallt und atmete schwer, als ich den Schlussapplaus und das finale Gejaule der Sozihyänen vernahm. Der Vortrag war vorbei.

Die Anspannung wollte gerade aus meinem Körper weichen, als Holzapfel in die Stille des verhallenden Applauses hinein fragte:

„Wer hat noch Fragen?"

Jetzt geschah es. Wieder entlud sich meine innere Anspannung. Doch leider dieses Mal nach außen, als ich laut „Sozialdemokraten!" brüllte.

Tief ausatmend und endlich die ersehnte Entspannung verspürend sackte ich selig in den Sitz. Es herrschte Totenstille und alle hatten ihre irritierten Blicke auf mich gerichtet.

Tja, was soll ich sagen. Es hatte niemand mehr Fragen.

Meiner Bekannten war meine Touret ähnliche Entgleisung sehr peinlich, denn immerhin brachten ihre Hyänenfreunde mich mit ihr in Verbindung.

Als dann auch noch von der Oberhyäne zum gemeinsamen Umtrunk im gegenüberliegenden Bistro geladen wurde, sah ich das als meine Gelegenheit, mich für die herzliche Einladung zu diesem Vortrag zu revanchieren.

Zusammen mit der lokalen SPD Elite und Hartmut Holzapfel schlenderte ich ins Bistro.

Meine Bekannte erntete viele zweifelnde bis giftige Blicke aufgrund der Tatsache, dass sie mich im Schlepptau hatte.

Ich trank zügig zwei helle Hefeweizen und aß ein äußerst delikates Truthahn Baguette mit Curry Soße, während ich gebannt den Gesprächen über sozialdemokratische Provinz-Politik lauschte und mich köstlich darüber amüsierte, dass Holzapfel sobald er auf politische Themen angesprochen wurde nur grinsend mit seinem Buch wedelte und darauf hinwies, dass er allein drei Jahre recherchiert habe um die ganzen Quellenhinweise für „Entenhausen ist Überall" zusammen zutragen.

Merke: Wer politisch engagierte Bekannte hat, sollte immer besonders kritisch hinterfragen, um was es genau geht und wer der Initiator ist, wenn er von ihnen zu einer Veranstaltung eingeladen wird.

Saubere Füße
„Acht satirische Kurzgeschichten"

Es sind die spleenigen Alltagsneurosen des ganz »normalen« Durchschnittsbürgers, die Florian Böll mit Geschichten wie »Die Verschwörung der Pizza-Taxen«, »Saubere Füße« oder »Historie der Damenhandtasche« messerscharf unter die Lupe nimmt. Es darf herzhaft gelacht werden – über sich selbst und andere.

Ausgezeichnet mit dem Jugend-Literatur-Preis der Stadt Taunusstein

Erschienen bei K. Peteratzinger Digital-Publishing

ISBN 978-3-9810035-1-2 9,50 €

Liebestrunken
„Das Debütalbum von Florian Böll"

Liebestrunken, das Debüt Album von Florian Böll ist ein deutschsprachiges Akustik-Pop Album mit Liedermacher Einschlag. Acht „Balladen" die zum Zurücklehnen und Zuhören einladen. Mit kompletter Band produziert und doch nicht zu komplex arrangiert, was Raum zum Atmen, Nachdenken und Lachen lässt. Denn im Mittelpunkt stehen immer die Texte. Thematisch kreisen die Lieder rund um den alltäglichen Wahnsinn, um Dinge, die jeder kennt oder erlebt. Mal heiter, mal ernst. Mal politisch, mal verliebt. Doch nie so ernst oder so lustig dass es erzwungen wirkt. Die Musik hält sich angenehm dezent im Hintergrund und macht die Bühne frei für die Inhalte.

Erschien bei Lahmacun Records

10,50 €